庄司いずみ

料理がとびきりの味に プレミアム豆乳マジック！

集英社

はじめに

はじめてプレミアム豆乳に出会ったのは2年前のこと。
並べられた2種類の豆乳の色の違いにまずビックリ。
見るからに濃厚なとろりとした白い豆乳と、
ごく淡い飴色で透明感のあるさらりとした豆乳と。
飲んでみてまたビックリ。
白い豆乳のクリーミーで濃厚な味には、
「これ、本当に豆乳ですか!?」と叫んだほど。
もうひとつの、淡い飴色の豆乳にはさらに驚きました。
さらりとしているのにうまみがあって、
大豆の風味がちゃんとする。
野菜料理家として植物性のみの料理を提案しているので、

それまでも豆乳はクリームや牛乳がわりに、かなり使ってはきましたが……。
「この2種類の豆乳を使って料理をしたら?」。
そう考えるだけで、ドキドキが止まらなくなりました。
さあそれからは、実験実験、ひたすら実験です。
その成果がこの本です。

「料理が苦手」、「野菜料理は物足りない」。
そんなあなたにこそ、試してほしいレシピばかりです。
なぜなら……。
いつもと同じ手順でも、野菜料理が極上の味に変わるから。
そんな魔法の豆乳レシピ、ぜひぜひお試しくださいね。

庄司いずみ

もくじ

2 はじめに
6 極上のレシピを作る プレミアム豆乳素材
8 料理を変える魔法の素材 プレミアム豆乳はどうやって作られる？
10 世界で注目される USS製法とプレミアム豆乳

プレミアム豆乳と野菜の ごちそうおかず

12 雑穀の豆乳クリームコロッケ
14 大豆ミートの根菜たっぷり、クリーミーチリビーンズ
16 とろとろ揚げなすの豆乳クリームシチュー
18 豆と豆乳クリームのキッシュ
20 大豆道麗クリームのトマトグラタン
22 豆乳キムチ鍋
23 乾物と豆乳のチヂミ
24 豆乳チーズのフライパンピザ
25 豆乳チーズフォンデュ
26 豆乳だしの極上おでん
28 大豆ミートのクリーミー回鍋肉
30 きのこのクリームチリソース
32 里いもクリームのナゲット風
33 豆乳のまろやか麻婆
34 季節野菜の大豆だし天ぷら
36

プレミアム豆乳と野菜の ごはんとめん

38 シャキシャキ野菜の豆乳タイカレー
40 アボカド豆乳クリームカルボナーラ
42 大豆ミートの豆乳坦々麺
44 高野豆腐と大豆だしの親子丼風
46 たけのこの大豆だし炊き込みごはん
48 グリーンピースの大豆だしごはん
49 大豆ミートと根菜の豆乳タコライス
50 2種のたれの南蛮そば
52 九条ねぎの豆乳南蛮だれ／揚げエリンギのカレー南蛮だれ
54 豆乳クリームかけごはん
55 香味野菜の大豆だし茶漬け風
56 ごろごろ野菜のトマト豆乳クリームスパゲッティ
58 クリーミー焼きそば
59 コングクス風冷麺
60 豆乳クリームの焼きカレー
61 甘い野菜のチーズリゾット風
62 人気シェフに聞く プレミアム豆乳の魅力と使い方
63 たことじゃがいものジェノベーゼ・リングイネ
64 豚ミンチとピーマンのリゾット・七味風味
65 プレミアム豆乳の杏仁豆腐 黒蜜、きなこ添え
石焼きひつまぶし風 鯛のあんかけごはん

プレミアム豆乳と野菜の 小さなおかずとスープ

66 極上の炒り豆腐／なめらか冷ややっこ
68 クリーミーきんぴら
70 豆乳おひたし
71 なめらかポテサラ
72 豆乳クリームのシーザーサラダ風
73 大豆だしのけんちん汁／大豆だしの根菜粕汁
74 切り干しのはりはり漬け風／大豆だしのオイキムチ風
76 里いものまろやか煮っころがし
78 とろろとねぎの豆乳だし袋煮
79 ヴィシソワーズ／大豆だしのガスパチョ
80 豆乳の茶碗蒸し風
82 イタリアン寄せ豆腐
83 おからサラダ
84 豆乳クリーム白和え
85 豆乳の簡単ブラウニー

プレミアム豆乳と野菜・果物いっぱいの スイーツとドリンク

86 豆乳の簡単ブラウニー
88 ソイティラミス
90 なめらかスイートポテト
92 かぼちゃの豆乳プリン
93 豆乳としょうがのサブレ
94 ソイミルクジャム
95

96 スムージー5種
りんご、キャベツ、しょうがのスムージー
ブロッコリーとメロンのスムージー
レッドキャベツとマンゴーのスムージー
赤パプリカといちごのスムージー
オレンジ、にんじんのスムージー
97 豆乳ジェラート3種
バナナとココアの豆乳ジェラート
かぼちゃの豆乳ジェラート／いちごの豆乳ジェラート
98 豆乳コーンパンケーキのソイハニーソース
100 キャラメルソイミルク／ソイ＆ココナッツココア

不二製油社員おすすめ プレミアム豆乳レシピ

102 豆乳明太茶碗蒸し／お豆のクリーミースープ
104 豆乳バーニャカウダソースの冷製カッペリーニ
105 スパイスカレーサラダ
106 スンドゥブ／大豆道麗ホットサラダ
107 豆乳トマトクリームスープ／美味投入入り豚汁
108 極上の豆乳の料理には相性抜群！ プレミアム豆乳の栄養の話
109 おいしく楽しくヘルシーに 大豆ミートについて
110 豆乳のレシピを作る まめ好き女子が、まめに集うまめプラス女子会とは？

■計量の単位は、1カップ＝200㎖、
大さじ1＝15㎖、小さじ1＝5㎖

プレミアム豆乳素材
極上のレシピを作る

話題を集めるプレミアム豆乳とは？
今までの豆乳をはるかに超えるおいしさ。

上の写真、グラスに注がれている豆乳の透明感とミルキーな色味に「おや？」と思われる方も多いかもしれません。

今までの豆乳といえば、牛乳のように真っ白。見た目も牛乳のような使い方も牛乳同様。健康飲料としてそのまま毎日飲むか、料理ならミルクスープ風の豆乳スープか豆乳鍋がせいいっぱい。クリームソースなどに使おうにも生クリームほどのコクもなく、使い勝手が悪いと感じている方も多いかもしれません。

そんな方にこそおすすめしたいのが、この本で取り上げるプレミアム豆乳です。

プレミアム豆乳とはある製法で作られた、まったく新しい豆乳の仲間。グラスに注がれている豆乳はそのひとつ、大豆だしとも呼ばれる低脂肪豆乳です。

6

うまみ、だし使い
美味投入
びみとうにゅう

こく、クリーム使い
濃久里夢
こくりーむ

大豆由来のマヨネーズ
大豆道麗
まめどれ

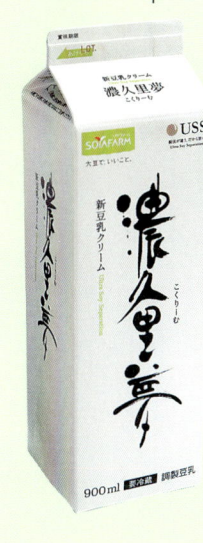

美味投入という名のこの豆乳は、飲み口はさらりとしていますが、料理に使うとき、だし汁として利用できます。大豆だしが、素材の味を引き立てるのです。それも昆布だしより濃厚、鰹だしのようなうまみもなく、美味投入を使うと味がピタリと決まるのです。

もう一種類、濃久里夢という豆乳は、豆乳クリームとも呼ばれるほどの濃厚さ。こちらは生クリーム同様クリームソースやグラタンに。スイーツ作りにも使えます。濃厚といえど大豆由来のクリームだから、生クリームが苦手な人にも受け入れられるやさしい味が特徴です。

また重宝なのが大豆由来のマヨネーズ風の調味料、大豆道麗（まめどれ）。まろやかでやさしい大豆の風味が野菜の味を引き立てるし、うまみのあるソースのようにも使えて、料理の幅が広がります。そう！ プレミアム豆乳は料理をガラリと変える、魔法の素材なのです。

料理を変える魔法の素材
プレミアム豆乳はどうやって作られる？

世界初、USS製法が今までの豆乳を変えた！

では、そのプレミアム豆乳はどうやって作られるのでしょうか。

豆乳は大豆から作られますが、一般的には、まず大豆を一昼夜水につけてふやかしておき、それをすりつぶします。これを呉汁(ごじる)といいますが、呉汁を加熱したのちにしぼってとれる液体が豆乳、しぼりかすはおからというわけです。

一方、プレミアム豆乳は世界初のUSS(Ultra Soy Separation)製法により、豆乳を抽出するときに2つに分離。丸ごとの大豆から前項で紹介した豆乳クリーム(濃久里夢)と、大豆だしとも呼ばれる低脂肪豆乳(美味投入)、そしておからの3つに分けるのです。

牛乳の分離技術は昔から知られていて、脱脂乳と生クリームに分けて作ることができますが、豆乳の分離・分画技術はUSS製法ならではの特殊な技術。溶剤は使わず、大豆の成分は損なわずにそのまま。安心、安全なのもうれしいですね。また、その2つの豆乳を飲んだり、料理に使うにあたっては、性質の違いも把握しておきたいところです。

低脂肪豆乳(美味投入)は脂質が低いため、通常の豆乳より30％もカロリーオフ。これはダイエット中にも助かりますし、脂質の劣化が引き起こす風味の劣化が起こりにくいメリットも。

豆乳クリーム(濃久里夢)のほうは、まろやかな風味と大豆のコクが特徴。乳化力にすぐれ、とろみづけやつや出しなどにも使うことができるのです。

8

日本の大豆をイタリア料理に！
『ソイタリアン』も大きな話題

この本ではそのプレミアム豆乳を使い家庭でも簡単に作れるけれど、プレミアム豆乳の力でとびきりおいしいレシピを紹介していますが、プロの料理人の間でもプレミアム豆乳は注目を集めています。

たとえば和食の世界では、大豆のだしとして吸いものや煮ものなどに美味投入を使う店が増えていますし、中華料理では、坦々麺のスープなどにプレミアム豆乳を使う例も。カフェではスムージーのベースにプレミアム豆乳を使ったり、ソイラテなどにも使われています。

また、2015年のミラノ万博をうけて日本国内で大きな話題となったのがイタリア料理に豆乳を使う『ソイタリアン』という新しいジャンルの料理。

プレミアム豆乳のひとつ、濃久里夢は乳化作用にすぐれていると説明しましたが、その働きで濃厚なクリームを作ったり、また濃久里夢を使うことで生クリームやバターを減らし、グッとヘルシー。軽いけれどもしっかりおいしい。そんな新感覚のイタリアンとして話題を集めました。

たとえば豆乳のカルボナーラ、豆乳のリゾットなど。ソイタリアンを提唱する笹島シェフ（62P）のイル・ギオットーネのほか、クチーナ・ヒラタ、Ristorante La Ciau、ラ・ターナ・ディ・バッコなど、イタリアンの名店が2015年6月こぞってソイタリアンメニューを展開し、メディアでも大きく取り上げられました。

※10月以降のメニューは、各レストランにお尋ねください。

世界で注目される USS製法とプレミアム豆乳

健康な食材として豆乳が世界でも話題に

豆乳にはなじみのないミラノっ子も、プレミアム豆乳には興味津々

豆乳は、世界でも注目を集めている素材のひとつ。

その背景には和食ブームも。だし（DASHI）やうまみ（UMAMI）といった言葉が欧米でも使われるようになるほど、ヘルシーでおいしい和食は世界から注目を集め、豆腐やしょうゆ、味噌などの和食素材がスーパーでも手に入るほど。豆乳も日本発信の食材として、注目されています。

豆乳が注目されているのには、和食ブーム以外の理由もあります。

乳製品へのアレルギーや、乳製品を消化できず、下痢や腹痛を起こす乳糖不耐症の問題もあって、ラクトースフリー製品（乳糖をのぞいた乳製品）が欧米では普及してきていますが、牛乳の代替品として山羊乳やアーモンドミルク、ライスミルクなどと並んで、豆乳も注目されてきているのです。

が、問題は味。

これまで欧米で流通してきた豆乳は砂糖や香料が添加された調整豆乳が中心。無調整豆乳があったとしても、大豆特有の匂いが欧米の人には好まれないようです。

そんな中、今、熱い注目を集め始めているのがこの本で紹介しているプレミアム豆乳。そのきっかけを作ったのが、世界初の食の博覧会、2015年10月まで開かれているミラノ国際博覧会です。

10

ミラノ万博でもプレミアム豆乳に話題が集中！

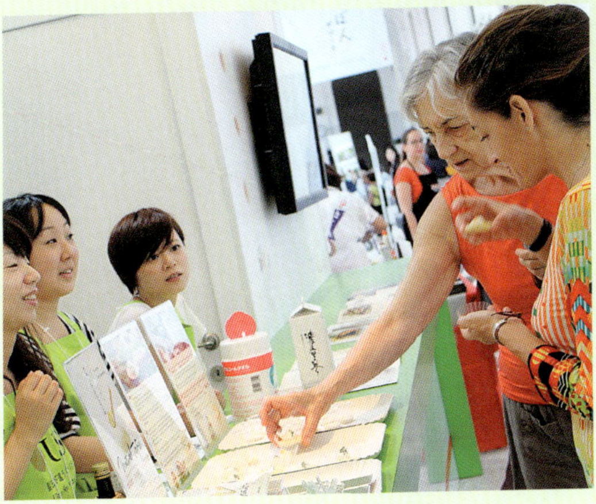

ミラノ万博の日本館では、プレミアム豆乳を生んだ、不二製油のUSS（ウルトラ・ソイ・セパレーション）製法が、世界と未来に貢献する日本の新しい食品加工技術として紹介され、大きな話題となっていました。

また、ミラノ万博にあたり、日本政府の取り組みの一環として開かれた「ジャパンサローネ（展示や実演、上映などで日本をアピールする場）」でも、プレミアム豆乳を使ったメニューの試食が用意されましたが、どのメニューも「ボーノ！ボーノ！」と大興奮。

濃久里夢を試飲した現地の人からは、「普通の豆乳は飲めないが、豆乳クリームはおいしい」、「カルボナーラに使いたい」などの声が多数寄せられ、濃久里夢をソースに使ったサラダの試食では「卵を使ってないとは思えない」と驚きの声も上がったとか。

ジャパンサローネでは濃久里夢のほか

に、別のイベント会場では「イタリアではチーズの食べ過ぎでコレステロール値が高く、悩む人が多い。コレステロールゼロのチーズは画期的」と喜びの声で迎えられたといいます。

すが、こちらも「大豆から紹介されたのでわからない！」、「ベジタリアンに薦めたい」と大絶賛。

体にいいことはもちろんですが、イタリアは美食の国。そのイタリアで大歓迎されたプレミアム豆乳は、さらに世界で注目されていくに違いありません。

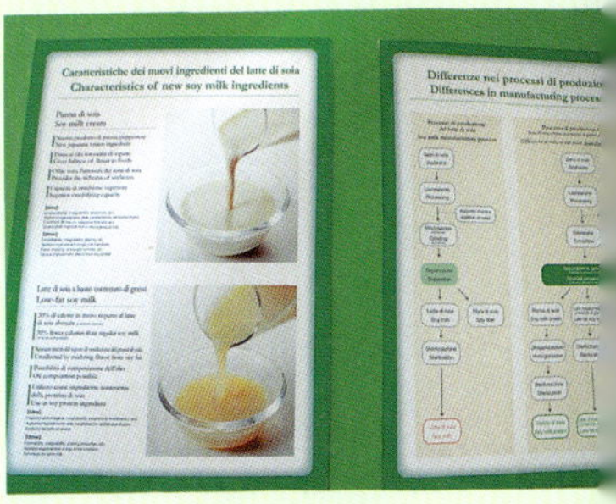

どの試食品も「ボーノボーノ（おいしい！）」と大好評！

豆乳を分離・分画するUSS製法の技術も展示され、注目を集めました

プレミアム豆乳と野菜のごちそうおかず

プレミアム豆乳は野菜や豆など、植物性素材の強い味方です。
大豆だしでうまみを引き立てたり、豆乳クリームでコクを出すと、野菜が主役のごちそうが簡単に整います。

大豆だし（美味投入）と豆乳クリームのW使いでまろやかに
雑穀の豆乳クリームコロッケ

●材料　2人分（4個）
a ［雑穀ミックス　大さじ2（25g）
　　大豆だし（美味投入）　1カップ］
玉ねぎ、にんじん、ピーマン　各20g
（8mm角に切る）
塩　小さじ1/4
オリーブオイル　適量

b ［オリーブオイル　大さじ1
　　薄力粉　大さじ2］
濃久里夢　1カップ

薄力粉　適量
c ［薄力粉　大さじ3
　　水　大さじ3］
パン粉　適量
揚げ油　適量

d ［玉ねぎ　1/10個
　　（20g・みじん切り）
　　ブラックオリーブ　20g
　　（みじん切り）
　　大豆道麗　40mℓ］

（添えの野菜）
赤パプリカ、黄パプリカ、
紫キャベツの細切り　各適量

1
鍋にaを入れて火にかけ、沸騰したら中～弱火でかき混ぜながら10分煮る。

2
フライパンにオリーブオイルを熱して野菜をさっと炒め、塩で味をつける。

3
別のフライパンにbを入れてよく混ぜる。ダマがなくなったら弱火にかけて練り、**濃久里夢**を少しずつ加え、焦がさないよう混ぜながらかためのクリーム状になるまで煮つめ、1を加える。

4
3に2の野菜を合わせてコロッケ形にし、薄力粉をまぶし、cをからめ、パン粉をまぶしつけて熱した揚げ油で揚げる。

5
4を皿に盛り、添えの野菜、dを合わせたタルタル風ソースを添える。

ダマにならないよう薄力粉をしっかり炒めてから、**濃久里夢**でのばします

プレミアム豆乳と野菜の
ごちそうおかず

スパイシーでクリーミー、とびきりのおいしさ！
大豆ミートの根菜たっぷり、クリーミーチリビーンズ

●材料　2人分

a ⎡ オリーブオイル　大さじ1/2
　 ｜ にんにく　小1片（つぶす）
　 ｜ 唐辛子　大1本（半分に折る）
　 ⎣ クミンシード　小さじ1/3強

b ⎡ 大豆ミート（顆粒状）　18g
　 ｜ （もどして素揚げする。30p参照）
　 ｜ 玉ねぎ　1/7個（30g・みじん切り）
　 ｜ ピーマン　1個（30g・みじん切り）
　 ｜ ごぼう、れんこん　各30g
　 ｜ （みじん切り）
　 ｜ にんじん　小1/5本
　 ⎣ （20g・みじん切り）

c ⎡ キドニービーンズ　100g
　 ｜ トマト水煮缶　1/2缶（200g）
　 ｜ カイエンペッパー　小さじ1/3強
　 ⎣ トマトケチャップ　小さじ2と1/4

塩　小さじ1/3
濃久里夢　大さじ3
バゲット　適量

1
aを鍋に入れて弱火にかけ、香りが出るまで熱し、にんにくと唐辛子を取り出す。

2
bを加えて野菜がしんなりするまで炒め、cを加えて沸騰したら弱火にし15分煮込む。

3
塩で味を調え、**濃久里夢**を加えて火を止める。

4
皿に盛り、バゲットを添える。

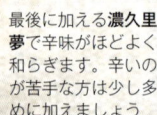
最後に加える**濃久里夢**で辛味がほどよく和らぎます。辛いのが苦手な方は少し多めに加えましょう

プレミアム豆乳と野菜の
ごちそうおかず

2種の豆乳と調味料を煮立てるだけで絶品の味に

とろとろ揚げなすの豆乳クリームシチュー

●材料　2人分
なす　5本（400g・ヘタをとる）
a ┃ 大豆だし（美味投入）　150㎖
　 ┃ **濃久里夢**　80㎖
　 ┃ 塩　小さじ1/8
　 ┃ 白味噌　大さじ1と1/3
　 ┃ 薄力粉　小さじ1
　 ┃ おろししょうが　小さじ1/2
揚げ油　適量
小ねぎ　適量（小口切り）

1
なすの皮に数カ所切れ目を入れ、揚げ油で丸ごと素揚げし、菜箸で大ぶりに裂いて皿に盛る。

2
aを鍋に入れ、泡立て器でかき混ぜてしっかり薄力粉と味噌を溶かし、中火にかける。

3
かき混ぜながら加熱してとろみがついたら1にかけ、小ねぎを散らす。

aを泡立て器で溶かしてから火にかけ、かき混ぜながらとろみをつけます

プレミアム豆乳と野菜の
ごちそうおかず

ペースト状の豆と豆乳クリームで濃厚なおいしさ！
豆と豆乳クリームのキッシュ

●材料　作りやすい分量（21cm 1台分）
（生地）
a ┌ 薄力粉　220g
　│ 塩　小さじ1/5
　└ 菜種油　50g
水　大さじ3

（フィリング）
白いんげん豆（水煮）　570g
（マッシュする）
濃久里夢　180mℓ
b ┌ 玉ねぎ　小1個
　│ （150g・8mm角に切る）
　│ さやいんげん　6本
　│ （50g・小口切り）
　│ しいたけ　2個
　│ （40g・8mm角に切る）
　│ にんじん　小1本
　└ （100g・8mm角に切る）
油　適量
c ┌ 白味噌　大さじ4と1/2
　└ 片栗粉、薄力粉　各大さじ2と1/4

1
まず生地を用意する。aをボウルに入れて全体を混ぜ、油がなじんだら水を少しずつ加えて耳たぶくらいのかたさにする。これをタルト台に敷き、底にフォークで穴をあけてから180℃に予熱したオーブンで15分焼く。

2
次にフィリングを用意する。油を熱してbをさっと炒める。これを皿などにとっておく。

3
きれいにしたフライパンにマッシュした白いんげん豆と**濃久里夢**を入れ、弱火にかけて3〜4分練る。そこにcと2を混ぜてたねにする。

4
3を1に流し込み、180℃のオーブンで18分焼く。

マッシュした豆に**濃久里夢**を加え、練りながら煮つめます。ここでしっかり煮つめると濃厚な味に

プレミアム豆乳と野菜の
ごちそうおかず

大豆道麗のソースは、少し焦がすとおいしさアップ
大豆道麗クリームのトマトグラタン

●材料 2人分
オリーブオイル 適量
a ┌ 玉ねぎ 大1/4(60g・粗みじん切り)
  └ にんにく 1片(みじん切り)
ズッキーニ 1本
(150g・厚み1cmの輪切り)
マッシュルーム 3個(半分に切る)
カットトマト缶 1缶(400g)
塩 小さじ1/2弱
b ┌ **大豆道麗** 大さじ4
  │ おろしにんにく 小さじ1/8
  └ オリーブオイル 小さじ2弱

1
鍋にオリーブオイルを熱してaを炒める。玉ねぎが透明になったらズッキーニとマッシュルームを加えて軽く炒め、カットトマト缶と塩を入れ、中火で熱する。

2
沸騰したら弱火で1分煮て火を止め、耐熱容器に入れる。

3
2の上に混ぜたbを流し込み、250℃のオーブンで15分焼いて焦げ目をつける。

にんにくとオリーブオイルを加えるだけの簡単ソース。野菜のディップにもおすすめ

大豆だし(美味投入)でキムチの味がほどよく和らぎます
豆乳キムチ鍋

●材料 2人分
a [にんにく 1片(薄切り)
   味噌 大さじ1
   コチュジャン 小さじ1]
大豆だし(**美味投入**) 1と1/2カップ
絹ごし豆腐 1丁
(300g・食べやすく切る)
えのきだけ 小1パック
(100g・ザク切り)
豆もやし 80g
長ねぎ 20cm(60g・斜め薄切り)
キムチ 1/3カップ(70g)
にら 1/2束(50g・ザク切り).

1
aを鍋に入れ、**美味投入**を注ぎ、味噌とコチュジャンを溶かしながら中火にかける。

2
1に豆腐、えのきだけ、豆もやし、長ねぎ、キムチを入れて5分煮込み、にらを加えて火を止める。

美味投入と調味料を混ぜておき、好みの具材を入れます。豆乳のうまみで肉なしでも十分なおいしさに

豆乳クリームのピリ辛だれはやみつきの味!
乾物と豆乳のチヂミ

●材料　1枚分

a ┌ 長ねぎ　大1本(100g・細切り)
　│ 芽ひじき　大さじ1(4g)
　│ 切り干し大根　10g(洗ってザク切り)
　│ 薄力粉　大さじ5
　└ 塩　小さじ1/8
大豆だし(**美味投入**)　80㎖
ごま油　適量

b ┌ コチュジャン　小さじ1
　│ 酢　小さじ1
　└ 濃久里夢　大さじ1

1
aをボウルに入れて**美味投入**を注ぎ、へらなどで混ぜる。

2
フライパンにごま油を熱して1を広げ、両面をカリッと焼く。

3
2を食べやすく切り分けて皿に盛り、bを混ぜ合わせたたれを添える。

水ではなくたねを**美味投入**で溶くのがみそ。乾物のうまみが倍増します

豆乳で作るチーズ風。濃厚なのは濃久里夢だからこそ
豆乳チーズのフライパンピザ

●材料　2枚分
(トマトソース)
玉ねぎ　30g(粗みじん切り)
にんにく　1/2片(みじん切り)
オリーブオイル　小さじ2
カットトマト缶　1/4缶(100g)
塩　少々
(チーズ風ソース)
濃久里夢　大さじ8と2/3
大豆道麗　大さじ4強
酢　小さじ1と1/2
片栗粉　小さじ1/2強
(ピザ生地)
強力粉　200g
ベーキングパウダー　小さじ1
砂糖　小さじ2
オリーブオイル　大さじ1と1/3
大豆だし(美味投入)　140ml

1
トマトソースの材料を鍋で2～3分とろりと煮つめる。

2
チーズ風ソースの材料をひと煮立ちさせ、とろみがついたら火を止める。

3
ピザ生地の材料全部をボウルに入れてこね、ひとまとめにして丸くのばす。これを油(分量外)を熱したフライパンで中に火が通るまで焼く。

4
3に1をぬり、好みの野菜(分量外)をのせて蒸し焼きにし、野菜に火を通す。ここに2のソースをかけていただく。

大豆道麗の酸味が加わると
不思議とチーズの味わいに
豆乳チーズフォンデュ

●材料　2人分
炊いたもちきび　1/2カップ分
a [**大豆道麗**　1/4カップ
　　長いも　60g（すりおろす）
　　酢　大さじ1/2
　　味噌　大さじ1/2]
バゲット　適量
アスパラガス、かぼちゃ、かぶ、
ブロッコリーなど好みの野菜　各適量

1
もちきびとaの材料全部を鍋に入れて中火で3分、とろりとなるまで練る。

2
蒸した好みの野菜や、バゲットとともに盛りつける。

＊**もちきびの炊き方**（作りやすい分量）
1/2カップのもちきびを目の細かいざるなどに入れてさっと洗い、鍋に入れる。ここに140mlの水（もちきびの1.4倍量）を注ぎ、かき混ぜながら中火にかけ、とろみがついたら蓋をして弱火で8分。火を止めて5分蒸らす。これで炊き上がり。

プレミアム豆乳と野菜の
ごちそうおかず

だし汁なしでこのうまみ。大豆だし(美味投入)の力です
大豆だしの極上おでん

● 材料　2人分

a
- 大根　3cm
  (100g・半分に切って10分下茹でする)
- 里いも　中2個
  (170g・皮をむいて茹でこぼしてぬめりをとる)
- にんじん　小1本
  (100g・食べやすく切る)
- 厚揚げ　1/2枚
  (100g・食べやすく切って油抜きする)
- こんにゃく　1/2枚
  (100g・結びこんにゃくにしてアク抜きする)
- 結び昆布　2個
- 大豆だし(**美味投入**)　1と1/2カップ

ブロッコリー　4株(小房に分け茹でる)

b　しょうゆ、みりん　各大さじ1/2

c
- 味噌　大さじ3
- 酒　大さじ1
- **濃久里夢**　大さじ1

1
aを鍋に入れて中火にかけ、煮立ったら弱火で5分煮込む。bで味をつけて、野菜がやわらかくなるまでさらに10分ほど煮込む。煮終わる2分くらい前にブロッコリーを入れて温める。

2
cを小鍋に入れ、弱火でぽってりするまで練る。

3
1を皿に盛り、2をのせる。

練り味噌は味噌と**濃久里夢**でまろやかに。お好みで辛子を足すのもおすすめです

豆乳のコクで大豆ミートがさらにおいしく
大豆ミートのクリーミー回鍋肉(ホイコーロー)

●材料　2人分
大豆ミート(ブロック状)　8個(もどす)
片栗粉　適量
揚げ油　適量
キャベツ　4枚(200g・ザク切り)
ピーマン　小2個(50g・乱切り)
にんじん　1/5本(30g・短冊切り)
a ┌ 長ねぎ　1/2本(50g・みじん切り)
　 └ しょうが　1片(みじん切り)
ごま油　適量
b ┌ 味噌、酒、みりん　各大さじ1と1/2
　 └ 豆板醤　小さじ1/3強
濃久里夢　大さじ3

1
大豆ミートに片栗粉をまぶしつけ、熱した揚げ油でカラリと揚げる。

2
フライパンにごま油を熱してaを炒め、香りが立ったらキャベツ、ピーマン、にんじん、1を炒め合わせる。

3
bで味をつけ、水分が飛んだら**濃久里夢**をからませて火を止める。

調味料で味をつけ、最後に**濃久里夢**を加えます。油分とうまみで肉に負けないおいしさに

ブロック状

顆粒状

＊大豆ミートのもどし方
ボウルに大豆ミートを入れ、2〜3倍量の水を注ぎ、20〜30分おいてもどす。または、沸騰したたっぷりの湯で4〜5分茹でてもどし、しっかり水気を切る。

もどした大豆ミートは水をしっかり絞るのがおいしく仕上げる秘訣

炒めるときも、あらかじめ揚げておくと、ボリューム感が生まれます

プレミアム豆乳と野菜の
ごちそうおかず

エビチリならぬ、きのこチリが大豆だし（美味投入）でまろやかに
きのこのクリームチリソース

●材料　2人分
エリンギ　200g
（厚み2cmの輪切りにする）
片栗粉　適量
揚げ油　適量

a ┌ 大豆だし（**美味投入**）　120mℓ
　│ 長ねぎ　1/2本（50g・みじん切り）
　│ にんにく、しょうが　各小1片
　│ （みじん切り）
　│ トマトケチャップ　大さじ1と1/2
　│ 豆板醤　小さじ1/3強
　└ 酢、しょうゆ　各小さじ3/4
グリーンピース　20g

1
エリンギに片栗粉をまぶし、熱した揚げ油でカラリと揚げる。

2
aをフライパンで中火にかけ、沸騰したら1とグリーンピースを加えてからめ、火を止める。

美味投入と調味料を合わせるだけ。鶏ガラなしでもうまみはしっかり！

プレミアム豆乳と野菜のごちそうおかず

里いもだねに大豆道麗でコクをプラス
里いもクリームのナゲット風

●材料　2人分
a ┌ 里いも　230g（茹でてマッシュ）
　├ 片栗粉　大さじ2と1/4
　└ 塩　小さじ1/3
大豆道麗　大さじ2と1/4
揚げ油　適量

（ソース2種）
b ┌ **濃久里夢**　大さじ1/2
　├ トマトケチャップ　大さじ1/2
　└ レモン果汁　大さじ1/2
c ┌ **濃久里夢**　大さじ1
　└ 粒マスタード　大さじ1

（添えの野菜）
クレソン、ラディッシュ　各適量

1
bとcをそれぞれ混ぜ合わせ、2種のソースを用意しておく。

2
aをボウルに入れて**大豆道麗**を加え、混ぜてナゲット形に成形する。

3
熱した揚げ油で2をカラリと揚げる。これを皿に盛り、1のソースと野菜を添える。

大豆だし(美味投入)ときのこでうまみたっぷりです
豆乳のまろやか麻婆

●材料　2人分
えのきだけ　大3/4パック
(150g・みじん切り)
しいたけ　小2枚(30g・みじん切り)
a ［ 長ねぎ　1/2本(50g・みじん切り)
　　しょうが、にんにく　各小1片
　　(みじん切り)
　　豆板醤　小さじ1/2 ］
ごま油　適量
b ［ 酒　大さじ1と1/2
　　しょうゆ　大さじ1/2
　　木綿豆腐　2/3丁
　　(200g・さいの目に切る) ］
大豆だし(**美味投入**)　3/4カップ
片栗粉　小さじ1/2（3倍量の水で溶く）

1
フライパンにごま油を熱してaを炒め、香りが立ったらえのきだけとしいたけを炒め合わせる。

2
1にbを入れ、**美味投入**を注ぎ、豆腐がしっかり温まったら水溶き片栗粉でとろみをつける。

鶏ガラスープなどのかわりに**美味投入**で仕上げます。肉なしでも十分なおいしさに

プレミアム豆乳と野菜の
ごちそうおかず

卵なしの精進揚げが
大豆だし(美味投入)でうまみアップ
季節野菜の大豆だし天ぷら

●材料　2人分
長いも　40g（拍子木切り）
なす　20g（輪切り）
ズッキーニ　40g（輪切り）
マッシュルーム　4個
プチトマト　2個（楊枝で数カ所穴をあける）
クレソン　2枝
a ┃ 薄力粉　大さじ6
　┃ 大豆だし**(美味投入)**　大さじ6
　┃ **大豆道麗**　大さじ1/2
　┃ 塩　小さじ1/2弱
揚げ油　適量

1
aをボウルで混ぜ、野菜を入れてさっくり混ぜる。

2
鍋に揚げ油を熱して1をカラリと揚げる。

薄力粉と**美味投入**は同量。そこに少々の**大豆道麗**を加えると、グッとコクが出てパンチのある味に

プレミアム豆乳と野菜の
ごちそうおかず

プレミアム豆乳と野菜のごはんとめん

炊き込みごはんや簡単なパスタ、カレーなどのいつものメニューがプレミアム豆乳で変わります。野菜の甘みやうまみたっぷり、格段においしくなってきっと驚きますよ。

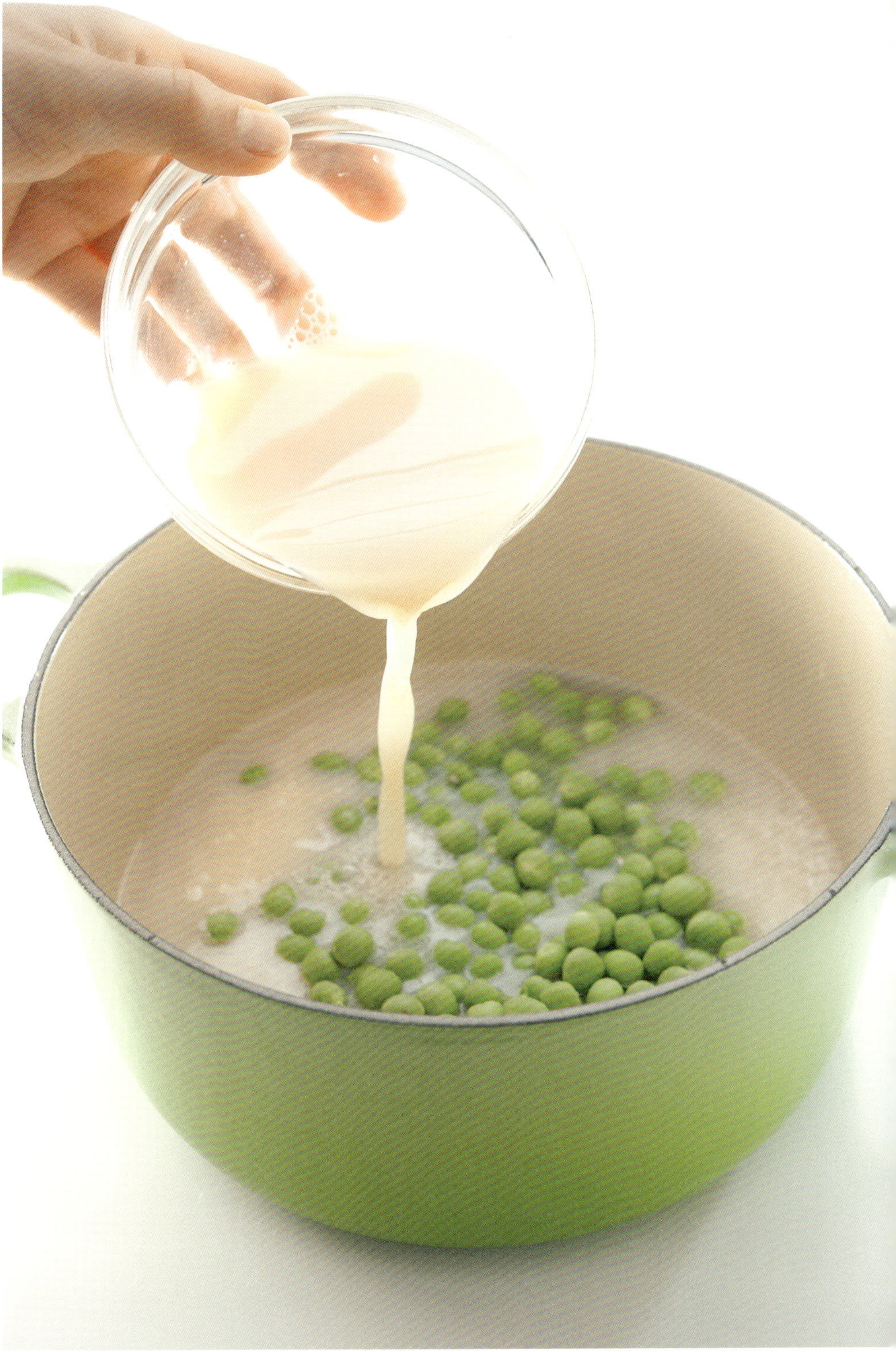

ココナッツミルクなしでしっかり本格味！

シャキシャキ野菜の豆乳タイカレー

●材料　2人分

a ［ にんにく、しょうが　各1片
　　（みじん切り）

b ［ もやし　50g
　　玉ねぎ　1/4個（50g・薄切り）
　　ピーマン　小2個（50g・細切り）
　　赤・黄パプリカ　大1/4個
　　（50g・細切り）
　　水煮たけのこ　50g
　　（薄めのクシ形切り）
　　マッシュルーム　4個（薄切り）

c ［ 大豆だし(**美味投入**)　260ml
　　濃久里夢　80ml
　　塩　小さじ1/2
　　カレー粉　大さじ1
　　昆布茶（顆粒）　小さじ1
　　しょうゆ　小さじ1/2強
　　クミンパウダー　小さじ1/4
　　カルダモンパウダー　小さじ1/8
　　コブミカンの葉（ライムリーフ）　2枚

油　適量
ごはん　2膳分
パクチー　適宜

1
鍋に油を熱してaを炒め、香りが立ったらbを加えて炒め、しんなりしたらcを入れて、沸騰したらさらに1～2分煮る。

2
1を盛りつけ、ごはんを添え、ちぎったパクチーを散らす。

豆乳はW使い。**美味投入**でうまみが増すから肉なしでもおいしい。**濃久里夢**で濃厚な味になります

プレミアム豆乳と野菜の
ごはんとめん

卵のカルボナーラよりもリッチで濃厚！
アボカド豆乳クリームカルボナーラ

●材料　2人分
アボカド　1個(正味200g・ザク切り)
a ┌ **濃久里夢**　1と1/2カップ
　│ 白味噌　大さじ2
　│ 塩　小さじ1/2
　│ 粗挽き黒こしょう　小さじ1/2
　└ にんにく　1/2片
スパゲッティ　140g
(袋の指示通りに茹でる)

1
アボカドの半量とaの材料をミキサーにかけてペースト状にし、鍋に入れて軽く温める。

2
茹でたスパゲッティと1のソース、残りのアボカドを和え、皿に盛りつける。好みで粗挽き黒こしょう(分量外)をふる。

プレミアム豆乳と野菜の
ごはんとめん

即席スープ並みの簡単さでお店に負けない味に
大豆ミートの豆乳坦々麺

●材料　2人分
a ┌ しょうが、にんにく　各1/2片
　│　（みじん切り）
　└ 長ねぎ　10cm（30g・みじん切り）
大豆ミート（顆粒状）
（12g・もどして素揚げする）
しいたけ　1枚（20g・粗みじん切り）
b ┌ 酒　大さじ1
　│ 豆板醤　小さじ1/4
　└ 甜麺醤　小さじ1
c ┌ しょうゆ　大さじ2
　│ 白練りごま　大さじ3
　│ ラー油　小さじ2
　│ 大豆だし（**美味投入**）　3カップ
　└ 味つけザーサイ　10g（みじん切り）
ごま油　適量
中華麺　2玉
青梗菜（チンゲンツァイ）　1株（さっと茹でて縦半分に切る）

1
肉味噌を作る。中華鍋にごま油を熱してaを炒め、香りが立ったら大豆ミート、しいたけを炒め合わせ、bを加えて味をつける。

2
スープを作る。cの材料を鍋に入れて中火にかけ、ひと煮立ちさせる。

3
茹でた麺に2を注ぎ、1と青梗菜をのせる。

顆粒状の大豆ミートは、もどしてから素揚げすると肉のような食感とうまみが生まれます

スープはこの材料をひと煮立ちするだけ。**美味投入**のうまみに練りごまのコクで味がまとまります

プレミアム豆乳と野菜の
ごはんとめん

とろろと豆乳クリームが卵がわりになるのです
高野豆腐と大豆だしの親子丼風

●材料　2人分
高野豆腐　1枚
片栗粉　適量
揚げ油　適量
a ┌ 玉ねぎ　1/2個（100g・薄切り）
　│ 大豆だし**（美味投入）**　1カップ
　└ しょうゆ　大さじ2
b ┌ 長いも　160g（すりおろす）
　└ **濃久里夢**　1/2カップ
三つ葉　1束（ザク切り）
ごはん　2膳分

1
高野豆腐は水に浸してもどし、水気を絞りひと口大に切って片栗粉をまぶしつける。揚げ油を熱してこれをこんがり揚げる。

2
aを小さなフライパンに入れて中火にかけ、煮立ったら1を加えて弱火で2〜3分煮込む。

3
混ぜ合わせたbを流し込んで軽く温め、三つ葉を散らして火を止める。

4
器にごはんを盛り、3を上にかける。

卵がわりのとろろと**濃久里夢**を流し込んだら、すぐに火を止めて。煮すぎると固まります

プレミアム豆乳と野菜の
ごはんとめん

いつものたけのこごはんとはひと味違います
たけのこの大豆だし炊き込みごはん

●材料　4人分
米　2合(といでざるにあける)
生たけのこ　小1本
(300g ＊正味150g)
油揚げ　小1枚
(50g・油抜きして1cm角に切る)
a ┏ 昆布だし　1カップ
　 ┗ しょうゆ、みりん　各大さじ2
大豆だし(**美味投入**)　1カップ
木の芽　少々

1
たけのこは皮に縦に1cm深さの切り込みを入れ、たっぷりの水とひとつかみのぬか(分量外)とともに鍋に入れて中火にかけ、煮立ったら弱火で20〜30分、竹串がすっと通るまで茹でる。

2
1の皮を外して1cm幅のクシ形に切る。

3
炊飯器に米とaを入れて**美味投入**を注ぎ、30分浸水させ、2と油揚げをのせて炊飯する。

4
器に盛り、木の芽を飾る。

グリーンピースとごはんの甘みがグッと際立ちます
グリーンピースの大豆だしごはん

●材料　4人分
米　2合（といでざるにあける）
グリーンピース　150g
a ┌ 昆布だし　1カップ
　└ 塩　小さじ1/2
大豆だし(**美味投入**)　1カップ

1
炊飯器に米とaを入れて**美味投入**を注ぎ、30分浸水させる。

2
1にグリーンピースをのせ、炊飯する。

3
器に盛りつける。

大豆道麗の酸味とうまみでチーズもいりません
大豆ミートと根菜の豆乳タコライス

●材料　2人分
大豆ミート(顆粒状)　15g
(もどしてさっと炒める)
a ┌ 玉ねぎ　1/4個
　│　(50g・粗みじん切り)
　└ にんにく　1片(みじん切り)
油　適量
b ┌ れんこん、ごぼう、にんじん
　│　各15g(粗みじん切り)
　└ ピーマン　1個(30g・粗みじん切り)
トマト　小2個(300g・ザク切り)
カイエンペッパー　小さじ1/4
塩　小さじ1/4
大豆道麗　大さじ1
ごはん　2膳分

(トッピング用)
レタス　小2枚(60g・細切り)
トマト　1/2個(100g・1cm角に切る)

1
鍋に油を熱してaを炒め、玉ねぎが透明になったらbの野菜を入れてさらに炒める。

2
野菜がしんなりしたらトマトを入れて炒め、トマトが煮くずれてきたら大豆ミートとカイエンペッパー、塩を入れてトマトの水分がなくなるまで煮込む。

3
大豆道麗を加えて全体を混ぜ合わせ、火を止める。

4
皿にごはんを盛り、トッピング用のレタス、トマトと3を盛りつける。あればパクチー(分量外)を飾る。

トマトの水分がなくなったら**大豆道麗**を加えます。ひと混ぜして火を止め、味をなじませます

プレミアム豆乳と野菜の
ごはんとめん

2種類の豆乳だれで楽しむ贅沢なそば
2種のたれの南蛮そば

●材料　2人分
そば(乾麺)　200g

1
そばを袋の指示通り茹でてざるにあけ、流水でぬめりをとる。

2
九条ねぎの豆乳南蛮だれ、揚げエリンギのカレー南蛮だれを添え、つけながら食べる。

豆乳で煮込んだ九条ねぎは最高の味
九条ねぎの豆乳南蛮だれ

●材料　2人分
a ┌ 九条ねぎ　約1/2袋
　│ （80g・斜め薄切り）
　│ **濃久里夢**　2カップ
　│ 塩　小さじ1/2
　└ 白練りごま　小さじ2
味噌　大さじ1

1
aを鍋に入れて中火にかけ、煮立ったら弱火で3分、九条ねぎがとろりとなるまで煮込む。

2
味噌で味をつける。

大豆だし(美味投入)と揚げたエリンギでうまみたっぷり
揚げエリンギのカレー南蛮だれ

●材料　2人分
エリンギ　2本(130g・
縦に薄切りにし、長ければ半分に切る)
揚げ油　適量
a ┌ 玉ねぎ　1/3個(70g・薄切り)
　│ 大豆だし**(美味投入)**　1と1/4カップ
　│ カレー粉　小さじ1と1/4強
　└ しょうゆ　小さじ2

1
揚げ油を熱してエリンギを素揚げする。

2
1とaを鍋に入れて中火にかけ、煮立ったら3分煮込んで火を止める。

プレミアム豆乳と野菜の
ごはんとめん

クリーミーで卵かけごはん以上のおいしさ

豆乳クリームかけごはん

●材料　2人分
クレソン　20g（ザク切り）
ラディッシュ　4個（薄切り）
濃久里夢　大さじ4
ごはん　2膳分
焼き海苔　1/3枚（小さくちぎる）
しょうゆ　適量

1
器にごはんを盛り、クレソン、ラディッシュをのせて**濃久里夢**をかける。焼き海苔をのせ、好みの量のしょうゆをたらす。

プレミアム豆乳と野菜の ごはんとめん

丁寧にとっただし汁に負けない深い味わいです
香味野菜の大豆だし茶漬け風

●材料　2人分
a ┌ 大豆だし(**美味投入**)　1と1/2カップ
　├ おろししょうが　小さじ1/2
　├ しょうゆ　小さじ1
　└ 塩　小さじ1/2
ごはん　2膳分
みょうが　2個(細切り)
しょうが　1片(細切り)
青じそ　4枚(細切り)

1
aの材料全部を鍋でひと煮立ちさせる。

2
器にごはんを盛って1を注ぎ、みょうが、しょうが、青じそを飾る

美味投入と調味料をひと煮立ち。煮立てすぎると膜が張るから要注意

豆乳クリームをたっぷり加え、贅沢な味に

ごろごろ野菜の
トマト豆乳クリームスパゲッティ

●材料　2人分
大豆ミート(顆粒状)　40g
油　適量
a［オリーブオイル　適量
　　にんにく　大1片(みじん切り)
玉ねぎ　1/2個(100g・粗みじん切り)
b［トマト缶　2/3缶(260㎖)
　　トマト　1個(200g・ザク切り)
　　唐辛子　2本(小口切り)
　　塩　小さじ1/2
　　トマトケチャップ　大さじ1と1/3
濃久里夢　1/2カップ
ズッキーニ　小1本(130g・乱切り)
マッシュルーム　7個
(80g・半分に切る)
オリーブオイル　適量
スパゲッティ　140g
(袋の指示通りに茹でる)

1
大豆ミートは熱湯でさっと茹でてもどし、水気をしっかり切る。フライパンに油を熱してこれをさっと炒め、皿などにとっておく。

2
きれいにしたフライパンにaを入れて熱し、香りが立ったら玉ねぎを入れ、透明になるまで炒める。

3
2にbを入れ、中火で煮立てながらとろりとなるまで6～7分炒め煮する。

4
3に1を加えて**濃久里夢**を注いで混ぜ、弱めの中火で煮立たせたら火を止める。

5
別のフライパンにオリーブオイルを熱し、ズッキーニとマッシュルームを炒める。

6
茹でたスパゲッティと4をからめ、5を盛りつける。

大豆ミートは少し多めの油で、しっかり炒めて。油を吸って挽き肉らしい味わいが生まれます

トマトソースが煮つまってから**濃久里夢**を加えます。これで豆乳の風味がしっかりと残ります

プレミアム豆乳と野菜の
ごはんとめん

しょうゆ焼きそばが豆乳クリームで贅沢に変身
クリーミー焼きそば

●材料　2人分

a ┌ ピーマン　2個（60g・細切り）
　│ にんじん　小2/5本（40g・細切り）
　│ もやし　160g（洗う）
　│ キャベツ　2枚（100g・ザク切り）
　│ 玉ねぎ　大1/4個
　└ （60g・クシ形に切る）
油　適量
焼きそば用の中華麺　2玉
水　大さじ4
b ┌ **濃久里夢**　大さじ6
　└ しょうゆ　大さじ2

1
フライパンに油を熱してaを炒め、油が回ったら中華麺を炒め合わせる。

2
水を差して麺をほぐす。

3
野菜がしんなりしたらbで味をつけて火を止める。

濃久里夢を加えたら軽く煮つめ、とろみをつけたら火を止めます

58

大豆だし(美味投入)、塩、すりごまだけで極上のスープに
コングクス風冷麺（韓国の豆乳麺）

●材料　2人分
a ⎡ 大豆だし**(美味投入)**　2カップ
　│ 塩　小さじ1
　⎣ 白すりごま　大さじ2
そうめん　2把(茹でて冷水でしめる)
きゅうり　1/2本(50g・斜め薄切り)
トマト　1/2個(100g・クシ形に切る)
キムチ　100g(食べやすい大きさに切る)
白髪ねぎ　適量

1
aをボウルで合わせて、冷蔵庫で冷やしておく。

2
そうめんを器に盛り、1を注ぎ、野菜とキムチを盛りつける。

豆乳で作るチーズ風ソースで仕上げます
豆乳クリームの焼きカレー

●材料　2人分

a
- 玉ねぎ　1/2個(100g・乱切り)
- かぼちゃ　160g(乱切り)
- ゴーヤ　1/2本
  (100g・ワタと種をとって
  厚み1cmの輪切り)
- にんにく、しょうが　各1片
  (みじん切り)

油　適量
大豆だし(**美味投入**)　2カップ

b
- 塩　小さじ1/2
- しょうゆ、カレー粉　各小さじ2

薄力粉　小さじ2(3倍量の水で溶く)
ごはん　2膳分

c
- 濃久里夢　大さじ2
- 白味噌、酢　各小さじ2
- 薄力粉　小さじ1

1
フライパンに油を熱してaを炒め、野菜がしんなりしたら**美味投入**を注ぎ、bで味をつけて6～7分、野菜がやわらかくなるまで煮込み、水溶き薄力粉でとろみをつける。

2
耐熱容器にごはんを入れて1をかけ、混ぜ合わせたcをかけ、250℃のオーブンで10分焼く。

野菜を炒めたら**美味投入**で煮込み、野菜の甘みとうまみを閉じ込めます

プレミアム豆乳と野菜のごはんとめん

豆乳のうまみを吸ったごはんが驚きのおいしさ
甘い野菜のチーズリゾット風

●材料　2人分
米(無洗米)　1カップ
玉ねぎ　1/2個(100g・みじん切り)
オリーブオイル　適量
大豆だし(**美味投入**)　3カップ
塩　小さじ1/2
かぼちゃ、さつまいも　各60g
(1cm角に切る)
濃久里夢　大さじ6
イタリアンパセリ　適量(刻む)

米が透明になったら**美味投入**を注ぎます。強火で煮立てると膜が張るので気をつけて

1
フライパンにオリーブオイルを熱して玉ねぎを2〜3分炒めたら、米を洗わずに加えて、透き通るまで炒める。

2
1に**美味投入**を注いで塩をふり、蓋をして弱めの中火で煮る。

3
時々混ぜ、10分たったらかぼちゃとさつまいもを加える。

4
さらに5分煮込み、**濃久里夢**を加えて蓋をし2分蒸らす。皿に盛りつけ、イタリアンパセリを散らす。

人気シェフに聞く プレミアム豆乳の魅力と使い方

プレミアム豆乳はプロの料理人にも愛されています。実際にメニューに取り入れているお二人に話を伺いました。

「イル・ギオットーネ」 笹島保弘さん

「イル・ギオットーネ」の笹島シェフはソイタリアン（9p）を提唱する一人。その笹島シェフに豆乳を取り入れたメニューに力を注ぐ理由を伺いました。

「うちの店は京都が本店なので、豆乳はなじみのある素材。豆腐や湯葉などと同様、以前から使っていました」

その笹島さんがプレミアム豆乳に出会ったのは1年ほど前。

「驚きました。豆乳クリームがあれば、バターや生クリームを使わなくても十分。可能性が広がったと感じました」

一方の大豆だしは、味に深みを出したいときに使っているとか。

「日本発信のイタリア料理を本場の方に知ってほしい。ソイタリアンをもっと発信していきたいですね」

「イル・ギオットーネ」
東京都千代田区丸の内2-7-3
東京ビル TOKIA 1F
☎03-5220-2006

---

1. ボウルに豚ミンチを入れ、塩をしてよく混ぜておく。ピーマンは種をとり、食べやすい大きさに切る。

2. フライパンにオリーブオイル大さじ1を入れて豚ミンチを炒める。出てきた脂を吸わせるようなつもりでピーマンを炒め合わせる。

3. 沸かしておいた昆布だしを入れて軽く煮つめ、冷やごはんを加える。途中で**美味投入**も入れて煮つめる。

4. ほとんど水分がなくなったら火を止め、パルミジャーノチーズ、残りのオリーブオイルを加えてよく混ぜ込む。

5. 皿に盛り、七味唐辛子をふる。

「うまみを生かした日本発のイタリアンを知ってほしい」と笹島シェフ

62

たことじゃがいもの ジェノベーゼ・リングイネ

●材料 2人分
リングイネ 70g
にんにく 2片
オリーブオイル 大さじ2
a ┌ たこ 60g
　├ 三度豆 20g
　└ じゃがいも 30g
ジェノベーゼソース 38g
塩 適量
昆布だし 100㎖
濃久里夢 10g

1 鍋ににんにくとオリーブオイルを入れ、弱火で香りを移す。
2 にんにくを取り出し、昆布だしを入れる。
3 じゃがいもとパスタは一緒に茹で上げる。
4 茹で上がったパスタを鍋に入れ、火にかける。
5 仕上がる直前にaの具を入れる。
6 **濃久里夢**とジェノベーゼソースで和える。きれいに皿に盛り、完成。

＊昆布だしのとり方
1ℓの水に対し10gの昆布を入れ、低温で30〜40分火にかける。

＊ジェノベーゼソースの作り方
バジリコ80gは葉のみ塩をした湯でさっと茹で、氷水にとってよく水気を絞る。にんにく10gは皮をむいて縦半分に切り、3度牛乳で茹でこぼしてくさみを抜く。このバジリコとにんにく、松の実10g、EXVオリーブオイル150gを加えてミキサーにかけ、なめらかなピューレ状になったら氷をあてたボウルで急冷する。

豚ミンチとピーマンの リゾット・七味風味

●材料 2人分
豚ミンチ 120g
ピーマン 大1個(40g)
冷やごはん 160g
昆布だし 1と1/4カップ
大豆だし**(美味投入)** 1/4カップ
パルミジャーノチーズ
(すりおろしたもの) 20g
EXVオリーブオイル 大さじ2
塩 適量
七味唐辛子 適量

「鈴なり」村田明彦さん

和食店、「鈴なり」はミシュランでも星を取るなど話題のお店。その店主、村田さんもプレミアム豆乳を愛用する料理人の一人です。

「日本料理、特に精進料理では昔から大豆のだしを使ってきました。うまみがあっておいしいですが、一昼夜大豆を水につけ、時間をかけて煮出すなど手間がかかる。ところが美味投入は昔ながらの大豆だし以上のうまみがあるのに、手軽に使える。これはいいなと思いました」

最初はたこを煮るのに使ったり、吸いもののだしなどに使ったといいます。

「たこを炊くとうまみが増し、やわらかく炊けて驚きました。それ以来、かつおだしと合わせるなどいろいろな料理に取り入れています。かつおだしと合わせると相乗効果か、うまみが増します」

メニューは季節で変わりますが、大豆だしのしゃぶしゃぶは大人気だったとか。

「牛乳だと甘い匂いが鼻につきますが、大豆だしはさらりとしているのにうまみが出ておいしい。釜焚きごはんにも大豆だしを入れたりしますよ」

だし汁の1割程度美味投入を加えるとうまみが増し、最高のおいしさになるとか。今すぐマネをしたいアイディアです。

「鈴なり」
東京都新宿区荒木町7
清和荘1階
☎ 03-3350-1178

プレミアム豆乳の杏仁豆腐
黒蜜、きなこ添え

●材料　作りやすい分量
（約10〜12人分）
a ┌ 水　100mℓ
　├ 大豆だし（**美味投入**）　100mℓ
　├ 杏仁霜（アップランド）　45g
　└ グラニュー糖　40g
板ゼラチン　18g
濃久里夢　900mℓ
黒蜜、きなこ　各適量

1　aを鍋に入れて混ぜながら中火にかける。

2　粘りが出てきたら火を止め、ゼラチンを入れて溶かす。

3　濃久里夢を入れて混ぜ、粗熱がとれたら冷蔵庫で冷やし固める。

4　盛りつけて、黒蜜ときなこをかける。

石焼きひつまぶし風 鯛のあんかけごはん

●材料 3人分
(豆乳ごはん用)
米 2合(といでざるにあける)
水 2合
大豆だし(**美味投入**)、酒 各大さじ1
(鯛の塩焼き)
鯛の切り身 3切れ
塩 適量

(豆乳あん)
a ┌ 大豆だし(**美味投入**) 100㎖
  │ だし汁 500㎖
  │ 薄口しょうゆ 30㎖
  └ みりん 15㎖
くず粉 適量

(トッピング用)
ごぼう 20g
(ささがきにし、だし汁で煮る)
しめじ 40g
(石突きを落としてほぐし、だし汁で煮る)
ほうれん草 70g
(さっと茹でて食べやすく切る)
長ねぎ 20g(細切り)
プチトマト 8個(へたをとる)
しょうが 5g(せん切り)

1 米は炊飯器に入れて水、**美味投入**、酒を入れ、普通に炊飯する。

2 鯛は塩をふってグリルなどでこんがり焼く。

3 豆乳あんを用意する。鍋にaを入れてひと煮立ちさせ、水で溶いたくず粉を加えて好みのとろみをつける。

4 よく熱した石鍋に1のごはんを盛り、2の鯛、トッピング用の野菜をのせる。

5 3の豆乳あんを熱いうちに4にジューッと注ぐ。

「たこなどを炊くときに使うと、くさみ消しもいらない」と語る「鈴なり」店主の村田さん

プレミアム豆乳と野菜の小さなおかずとスープ

いつもの小さな野菜のおかずや、野菜のスープ、汁ものも、プレミアム豆乳でとびきりの味に変わります。手間はかけないのに味に深みが出るから、忙しいときにとても助かります。

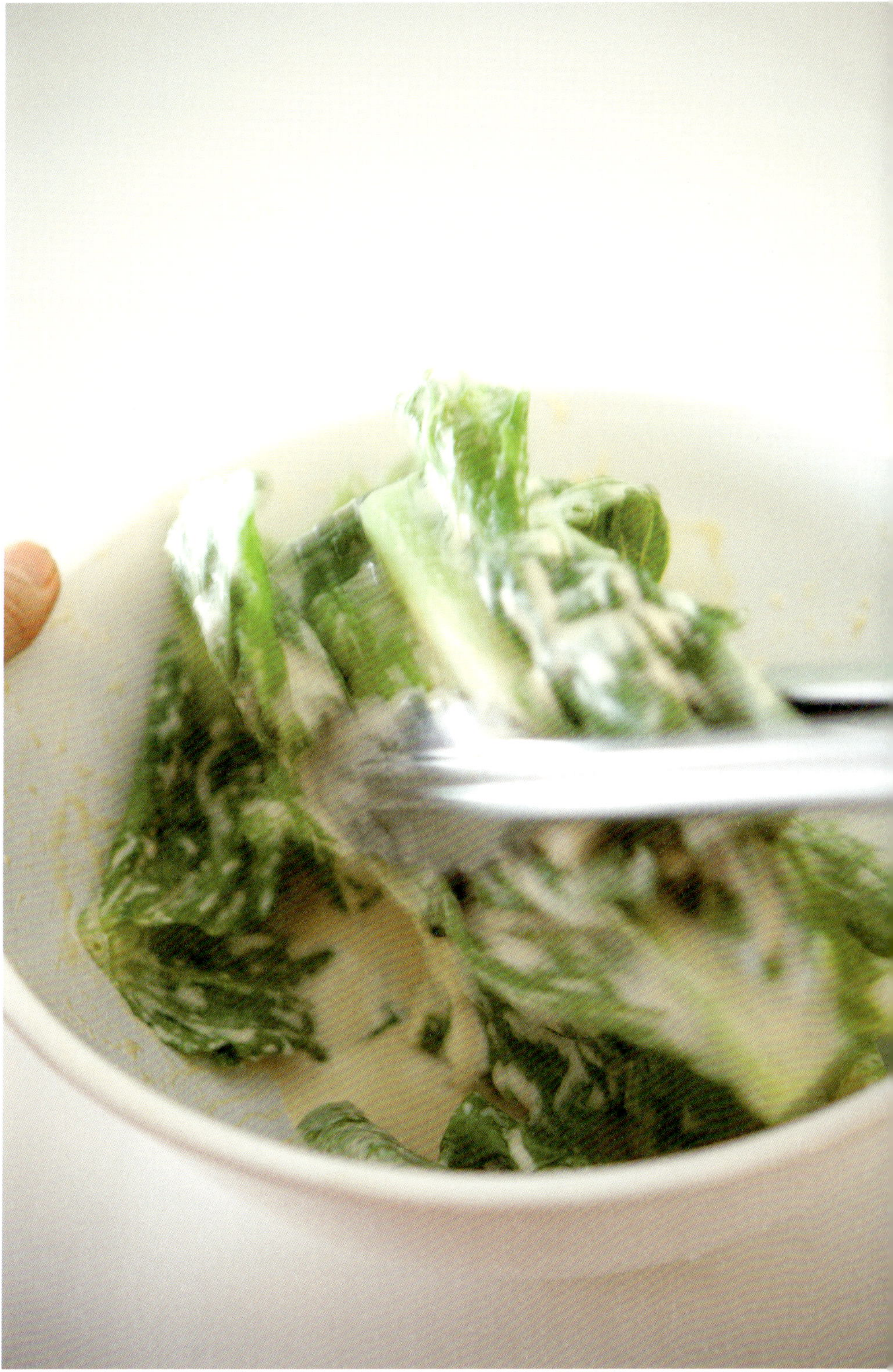

大豆のうまみで豆腐のおいしさがアップ！
極上の炒り豆腐

●材料　2人分
れんこん、いんげん、にんじん、玉ねぎ
各40g（1cm角に切る）
しいたけ　2枚
（40g・1cm角に切る）
ごま油　適量
木綿豆腐　1丁
（300g・しっかり水切りする）
大豆だし(**美味投入**)　1/2カップ
しょうゆ　大さじ1
みりん　大さじ1と1/3

1
フライパンにごま油を熱して野菜としいたけを炒める。

2
野菜がしんなりしてきたら豆腐を崩しながら入れ、水分が飛ぶまで炒めたら**美味投入**を注ぐ。

3
水分が飛んだらしょうゆとみりんで味をつけて火を止める。

しっかりと豆腐を炒りつけて水分を飛ばしてから、**美味投入**を加えてさらに炒りつけます

クリーミーなおいしさにやみつき間違いなし
なめらか冷ややっこ

●材料　2人分
絹ごし豆腐　1丁
（300g・半分に切る）
濃久里夢　大さじ6
小ねぎ　20g（小口切り）
しょうゆ　適量

1
皿に絹ごし豆腐をのせ、**濃久里夢**を注ぐ。

2
小ねぎを散らす。好みでしょうゆをたらす。

プレミアム豆乳と野菜の小さなおかずとスープ

いつものきんぴらがお洒落な味に変わります
クリーミーきんぴら

●材料　2人分

a
- ごぼう　1/3本
 （50g・ささがきに切る）
- れんこん　小2/5節
 （40g・いちょう切り）
- にんじん　小2/5本
 （40g・細切り）
- ピーマン　大1個
 （40g・細切り）
- 赤パプリカ　大1/4個
 （50g・細切り）

ごま油　適量
酒　大さじ3
大豆だし(**美味投入**)　大さじ3
しょうゆ　小さじ2
濃久里夢　大さじ1

1
フライパンにごま油を熱してaの野菜を炒める。

2
1に油が回ったら酒をふり、**美味投入**を注いで、さらに炒める。

3
水分が飛んで野菜がしんなりしたら、しょうゆと**濃久里夢**で味をつけて火を止める。

美味投入をしっかり含ませたところに、濃久里夢をからませます

プレミアム豆乳と野菜の小さなおかずとスープ

シンプルなおひたしが、大豆だし(美味投入)で上等な味に
豆乳おひたし

●材料　2人分
春菊　1束(200g)
大豆だし(**美味投入**)　大さじ2
しょうゆ　大さじ1
白すりごま　少々

1
春菊は茹でて水気を切り、食べやすい大きさに切る。

2
1を皿に盛り、**美味投入**としょうゆを回しかけ、白ごまをふる。

美味投入としょうゆを合わせた割りじょうゆ感覚で、大豆だしとして使います

豆乳クリームでポテトサラダが変わります
なめらかポテサラ

●材料　2人分
a ┏ **濃久里夢**　大さじ2と2/3
　┃ 酢　大さじ1弱
　┗ 味噌　小さじ1と1/4強
じゃがいも　大1個
（200g・茹でてマッシュ）
スナップエンドウ　5本
（筋をとってさっと茹で、半分に切る）
紫玉ねぎ　1/5個
（40g・薄切りにし、水にさらす）

1
ボウルにaでマヨネーズ風ドレッシングを作り、マッシュしたじゃがいもを和える。

2
スナップエンドウと紫玉ねぎを1に混ぜ込む。

濃久里夢、酢、味噌を合わせるだけで、高級なマヨネーズ味が完成

プレミアム豆乳と野菜の小さなおかずとスープ

チーズや卵がなくても味は十分まとまります
豆乳クリームのシーザーサラダ風

●材料　2人分

a
- 白ワインビネガー　大さじ1
- マスタード　大さじ1
- オリーブオイル　大さじ3
- 濃久里夢　1/2カップ
- おろしにんにく　小さじ1/8
- ウスターソース　小さじ1
- 塩　小さじ1/8

にんにく　1片(粗みじん切り)
揚げ油　適量
ロメインレタス　4枚(ちぎる)
クルトン　10g

1
aをボウルで合わせてドレッシングを作る。

2
揚げ油を熱してにんにくをこんがりと素揚げする。

3
ボウルでロメインレタスと1のドレッシングを和えて皿に盛り、2とクルトン、粗挽き黒こしょう(分量外)を散らす。

ワインビネガーと**濃久里夢**をさっと混ぜるだけでとろりと乳化。チーズ風ソースになります

だしをとらない即席レシピ、味は抜群です
大豆だしのけんちん汁

●材料　2人分
a ┌ 大豆だし(**美味投入**)　2カップ
　│ れんこん、ごぼう　各30g
　│ （ひと口大に切る）
　│ にんじん　小1/5本
　│ （20g・短冊に切る）
　│ 油揚げ　1/2枚
　│ （30g・油抜きして短冊に切る）
　│ こんにゃく　1/3枚
　│ （70g・ひと口大にちぎる）
　│ 長ねぎ　10cm（30g・ぶつ切り）
　│ 木綿豆腐　1/3丁
　└ （100g・ひと口大にちぎる）
しょうゆ　小さじ2
酒　大さじ2
塩　小さじ1/4
七味唐辛子　適宜

1
aを鍋に入れて中火にかけ、煮立ったら弱火で5～6分、野菜がやわらかくなるまで煮る。

2
しょうゆ、酒、塩で味をつけて火を止める。椀に盛り、好みで七味唐辛子をふる。

煮立てるとタンパク質が凝固して膜が張るので、弱火で煮込んでいくのがコツです

酒粕の風味と大豆だし(美味投入)との相性に驚きます
大豆だしの根菜粕汁

●材料　2人分
a ┌ 大豆だし(**美味投入**)　2カップ
　│ ごぼう、れんこん、にんじん、大根
　│ 各30g（ひと口大に切る）
　│ 油揚げ　1/2枚
　│ （30g・油抜きして短冊に切る）
　│ こんにゃく　1/3枚
　└ （70g・短冊に切る）
酒粕　大さじ2
（水大さじ4でふやかしておく）
白味噌　大さじ2
ほうれん草　1/7束
（30g・さっと茹でてザク切り）

1
aを鍋に入れて中火にかけ、煮立ったら弱火で5～6分、野菜がやわらかくなるまで煮込む。

2
酒粕と白味噌を溶き入れる。

3
器に盛り、ほうれん草をのせる。

プレミアム豆乳と野菜の
小さなおかずとスープ

クセになるおいしさ。常備菜にもぜひどうぞ
切り干しのはりはり漬け風

●材料　2人分
a ┌ 大豆だし(**美味投入**)　1/2カップ
　│ 切り干し大根　30g
　│ （洗って水気を絞り、ザク切り）
　│ 酢　大さじ1
　│ しょうゆ　大さじ1/2
　│ セロリ　小1/3本(20g・細切り)
　│ にんじん　1/5本(30g・細切り)
　└ **大豆道麗**　小さじ1
かいわれ菜　1/6パック(根元を落とす)

1
ボウルにaを混ぜ合わせ、10分以上おいて味をなじませる。

2
かいわれ菜を混ぜ込み、皿に盛りつける。

即席漬けでこの味が出せるのは大豆だし(**美味投入**)の力
大豆だしのオイキムチ風

●材料　2人分
きゅうり　2本
(200g・長さを3等分に切る)
塩　小さじ1/2
a ┌ にら　4本(25g・小口切り)
　│ 小ねぎ　2本(15g・小口切り)
　│ 玉ねぎ　1/10個
　│ （20g・粗みじん切り）
　│ 大根、にんじん　各10g(細切り)
　│ にんにく　5g(みじん切り)
　│ しょうが　5g(みじん切り)
　└ コチュジャン　小さじ2
大豆だし(**美味投入**)　1/2カップ

1
きゅうりに塩を加えて10分おく。

2
ボウルにaを混ぜ合わせておく。

3
きゅうりは縦に深く切り込みを入れ、切り込みに2をはさむ。

4
3と**美味投入**を保存容器に入れ、1時間以上おいて味をなじませる。

プレミアム豆乳と野菜の
小さなおかずとスープ

熱々でごはんと。冷やすとパンにも合います
里いものまろやか煮っころがし

●材料　2人分
a [里いも　3個（300g・ひと口大に切って1度茹でこぼす）
　　酒　大さじ3
　　昆布だし　3/4カップ]
しょうゆ、みりん　各大さじ1/2
濃久里夢　大さじ4と1/2

1
aを鍋に入れて中火にかけ、煮汁がふつふつしてきたら弱火で7分、里いもがやわらかくなるまで煮る。

2
しょうゆとみりんを加え、さらに3～4分、時々転がしながら煮含める。

3
水分が飛んだら**濃久里夢**を煮からめて火を止める。

だしを煮含めてから**濃久里夢**を加えます。汁気は残して火を止めて

プレミアム豆乳と野菜の小さなおかずとスープ

大豆だし(美味投入)が染み込んでとろけるおいしさ！
とろろとねぎの豆乳だし袋煮

●材料　2人分
油揚げ　2枚
(120g・茹でて油抜きし、半分に切る)
a ┌ 長いも　140g(すりおろす)
　└ 長ねぎ　20㎝(60g・小口切り)
かんぴょう　8g
(約1m・4等分に切って洗う)
大豆だし(美味投入)　2カップ
しょうゆ　大さじ2

1
aを混ぜて油揚げに流し込み、かんぴょうで口を結ぶ。

2
美味投入と1を鍋に入れて中火にかけ、煮立ったら弱火で4〜5分、しょうゆを入れてさらに1分煮て火を止める。

しょうゆを入れる前に、**美味投入**をしっかり煮含めるのがポイントです

じゃがいもの甘みが大豆だし(美味投入)で引き立ちます
ヴィシソワーズ

●材料　2人分
玉ねぎ　1/5 個(40g・薄切り)
じゃがいも　小 1/2 個(50g・薄切り)
油　適量
大豆だし**(美味投入)**　1 と 1/2 カップ
塩　小さじ 1/4
パセリ　適宜

1
鍋に油を熱して玉ねぎを炒め、透明になったらじゃがいもを炒め合わせる。

2
美味投入を加えて中火にかけ、煮立ったら弱火で4～5分煮る。

3
2のじゃがいもがやわらかくなったら塩と合わせ、フードプロセッサーでポタージュ状にする。

4
3を冷蔵庫でしっかり冷やして器に盛りつけ、刻んだパセリを散らす。

野菜のうまみを豆乳がまとめます
大豆だしのガスパチョ

●材料　2人分
a ［
トマト　大 1 個(230g・ザク切り)
ピーマン　1 個(30g・ザク切り)
赤パプリカ　1/4 個(40g・ザク切り)
きゅうり　1/2 本(50g・ザク切り)
玉ねぎ　小 1/10 個(15g)
にんにく　1/4 片
大豆だし**(美味投入)**　1/4 カップ
オリーブオイル　大さじ 1
白ワインビネガー　大さじ 1
塩　小さじ 1/4
パプリカパウダー　小さじ 1/4
］

1
aの材料のうち、少量は飾り用にみじん切りにし、残りはフードプロセッサーにかけ、冷蔵庫でよく冷やす。

2
器に盛りつけ、1の飾り用の野菜をのせ、オリーブオイル(分量外)を回しかける。

プレミアム豆乳と野菜の小さなおかずとスープ

卵は使わず、とろろと大豆だし(美味投入)で作ります
豆乳の茶碗蒸し風

● 材料　2個分
ぎんなん　4個
ぶなしめじ　小1/5パック(20g・ほぐす)
a ┌ 大豆だし**(美味投入)**　3/4カップ
　├ 長いも　120g(すりおろす)
　├ 塩　小さじ1/5
　└ しょうゆ　大さじ1/2
三つ葉　20g

美味投入と長いもはしっかりと混ぜ合わせます。これが卵がわりに

1
耐熱容器にぎんなん、しめじを等分して入れる。

2
aを混ぜ合わせ、等分して1の容器に入れ、上に三つ葉を散らす。

3
蒸気の上がった蒸し器で7分蒸す。

プレミアム豆乳と野菜の小さなおかずとスープ

濃厚でクリーミー。具材はアレンジしても
イタリアン寄せ豆腐

●材料　2人分
濃久里夢　1カップ
にがり　小さじ1/2
ブラックオリーブ　5個
（20g・粗みじん切り）
セロリ　小1/3本（20g・粗みじん切り）
黄パプリカ　1/8個（20g・粗みじん切り）

（添えの野菜）
紫玉ねぎ　大1/4個（60g・薄い輪切り）

1
材料全部を混ぜて耐熱容器に入れる。

2
蒸気の上がった蒸し器で8分蒸す。

3
皿に添えの野菜、スプーンですくった2を盛り、好みでオリーブオイル（分量外）を回しかける。

おからのポソポソ感はまったく感じません
おからサラダ

●材料 2人分
a ┌ きゅうり 1/2本(50g・薄切り)
  └ 玉ねぎ 1/5個(40g・薄切り)
油 適量
おから 1と1/2カップ(100g)
b ┌ 大豆だし **(美味投入)** 大さじ4
  │ **濃久里夢** 大さじ2
  │ 白練りごま 小さじ2
  │ 酢 大さじ2
  └ 塩 小さじ1/4

1
フライパンに油を熱してaをさっと炒め、おからと炒め合わせる。

2
おからに熱が通ったらbで味をつけ、火を止める。

おからに熱が回ってパラリとなったら**美味投入**と調味料で味をつけます

プレミアム豆乳と野菜の小さなおかずとスープ

驚くほどなめらか、パンにも合うのです
豆乳クリーム白和え

●材料 2人分
a ┌ 木綿豆腐 2/3丁
　　（200g・水切りする）
　├ 濃久里夢 大さじ4
　└ 白味噌 大さじ2
スナップエンドウ 4本
（茹でて1cm幅に切る）
赤パプリカ 小1/4個
（30g・1cm角に切る）
マッシュルーム 2個（薄切り）
アーモンド、くるみ 各3粒（刻む）
バゲット 適量

1
aをすり鉢でしっかりすり混ぜる。

2
1に残りの材料を加えて、さっくりと混ぜて盛りつけ、バゲットを添える。

すり鉢でなめらかに混ぜます。すり鉢がなければフードプロセッサーでも

プレミアム豆乳と野菜・果物いっぱいのスイーツとドリンク

スイーツ作りにこそプレミアム豆乳は大活躍。大豆だしはスムージーなどによく合うし、豆乳クリームを使うと、生クリームやバターなしでも濃厚なおいしさが生まれます。

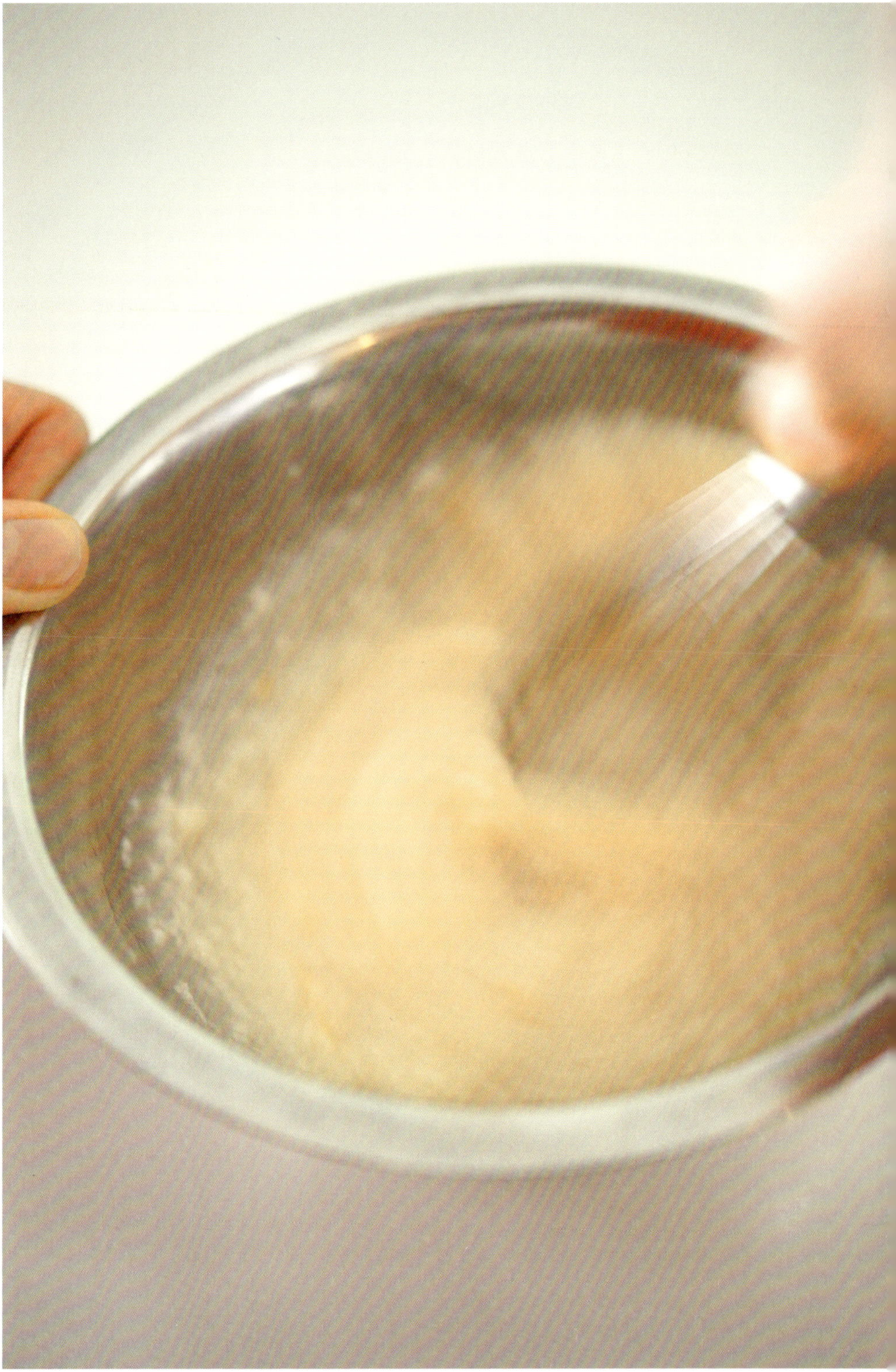

ココアと豆乳クリームで本格的な味に
豆乳の簡単ブラウニー

●材料　20×13×4cm分
a ┌ 薄力粉　200g
　│ ココアパウダー　100g
　└ ベーキングパウダー　小さじ1
b ┌ 黒砂糖　80g
　│ **濃久里夢**　260㎖
　└ オリーブオイル　大さじ8
ナッツ（アーモンド、くるみなど合わせて）100g（刻む）
レーズン　大さじ6

1
aをボウルに入れ、フォークで混ぜ合わせる。

2
bを混ぜて黒砂糖をしっかり溶かす。

3
1と2、ナッツ、レーズンを合わせたたねを型に入れ、予熱した180℃のオーブンで15分焼く。粗熱がとれたら、食べやすく切り分ける。

黒砂糖を**濃久里夢**で溶かしておきます。ダマが残らないよう、しっかりと混ぜましょう

プレミアム豆乳と
野菜・果物いっぱいの
スイーツとドリンク

マスカルポーネなしの極上ティラミス
ソイティラミス

●材料　5〜6人分

a ［絹ごし豆腐　大1丁
　（400g・しっかり水切りする）
　レモン果汁　大さじ2と2/3
　グラニュー糖　大さじ4］

濃久里夢　270㎖
グラノーラ　120g
エスプレッソコーヒー　1/2カップ
ココアパウダー　適量

1
aをミキサー（またはフードプロセッサー）でペースト状にし、**濃久里夢**を注ぎ、よく混ぜる。

2
ボウルにグラノーラとコーヒーを合わせてふやかし、マッシャーでつぶして耐熱容器の底に入れる。

3
2の耐熱容器に1を流し込んで表面をならし、冷蔵庫でよく冷やし固める。

4
3の上に茶こし、または粉ふるいでココアパウダーをふり、大きめのスプーンですくって盛りつける。

まず豆腐をフードプロセッサーでなめらかなペースト状にし、ここに**濃久里夢**を合わせます

プレミアム豆乳と
野菜・果物いっぱいの
スイーツとドリンク

さつまいもの甘みを豆乳が引き出します
なめらかスイートポテト

●材料　6個分

a
- さつまいも　150g
  （蒸して皮をむきマッシュ）
- はちみつ　大さじ1/2
- 塩　ひとつまみ
- **濃久里夢**　80㎖
- 白練りごま　大さじ1

はちみつ　小さじ1
黒炒りごま　適量

1
ボウルでaをしっかり混ぜ、スイートポテトの形にまとめる。

2
オーブンシートを敷いた天板の上に並べ、はちみつをハケで塗り、黒ごまを散らす。

3
250℃に予熱したオーブンで3〜4分焼く。

プレミアム豆乳と野菜・果物いっぱいのスイーツとドリンク

なめらかで濃厚、とろけるおいしさ！
かぼちゃの豆乳プリン

●材料　2個分
a [濃久里夢　200g
　　くず粉　大さじ1]
b [メープルシロップ　大さじ1
　　かぼちゃ　200g（茹でてマッシュ）]

くず粉と**濃久里夢**を弱火で練ります。透明感が出るまで絶えずかき混ぜて

1
鍋にaを入れてよくかき混ぜて溶かし、中火にかける。沸騰したら弱火にし、絶えずかき混ぜながら2分加熱する。

2
1をbと合わせてフードプロセッサーにかけ、器に入れる。これを冷蔵庫で冷やし固める。角切りのゆでかぼちゃ（分量外）を飾る。

しょうがの辛味を豆乳が和らげます
豆乳としょうがのサブレ

●材料　8～10枚分
薄力粉　100g
おろししょうが　小さじ1
キビ砂糖　大さじ2
濃久里夢　大さじ2
オリーブオイル　大さじ1
塩　小さじ1/8

1
材料全部をボウルに入れて、しっかり混ぜる。

2
1を直径5cmの棒状にまとめ、ラップに包んで冷蔵庫で30分寝かせる。

3
2を厚み1cmに切り、160℃のオーブンで15分焼く。

材料全部をボウルで混ぜるだけ。こねすぎないのがさっくり仕上げるコツ

プレミアム豆乳と野菜・果物いっぱいのスイーツとドリンク

豆乳クリームを煮つめた贅沢な味
ソイミルクジャム

● 材料　1カップ分
濃久里夢　2カップ
メープルシロップ　大さじ3

1
材料を鍋に入れて混ぜ、中火にかける。沸騰したら弱火にし、かき混ぜながら加熱を続ける。

2
1が約半量になって、もったりとするまでじっくり煮つめる。

焦げつかないよう絶えずかき混ぜながらじっくり煮つめていきます

レッドキャベツとマンゴーのスムージー

●材料　1人分
レッドキャベツ　40g
（ザク切り）
冷凍マンゴー　100g
大豆だし**(美味投入)**　60㎖
濃久里夢　40㎖
はちみつ　小さじ2
レモン果汁　小さじ1弱

1
材料全部を
ミキサーにかける。

ブロッコリーとメロンのスムージー

●材料　1人分
ブロッコリー　40g
（小房に分ける）
メロン（冷凍する）　100g
大豆だし**(美味投入)**　60㎖
濃久里夢　40㎖
はちみつ　大さじ1

1
材料全部を
ミキサーにかける。

りんご、キャベツ、しょうがのスムージー

●材料　1人分
りんご　100g
（ザク切り）
キャベツ　40g
（ザク切り）
しょうが　5g
大豆だし**(美味投入)**　60㎖
濃久里夢　40㎖
はちみつ　大さじ1

1
材料全部を
ミキサーにかける。

プレミアム豆乳と野菜・果物いっぱいのスイーツとドリンク

豆乳の配合は素材に合わせてチェンジ！
スムージー5種

オレンジ、にんじんのスムージー

●材料　1人分
オレンジ果汁　100㎖
にんじん　50g（ザク切り）
大豆だし（**美味投入**）　100㎖
はちみつ　小さじ2

1
材料全部をミキサーにかける。

赤パプリカといちごのスムージー

●材料　1人分
赤パプリカ　30g（ザク切り）
いちご（冷凍する）　80g
大豆だし（**美味投入**）　80㎖
濃久里夢　大さじ2
はちみつ　大さじ1と1/3
レモン果汁　小さじ1/2弱

1
材料全部をミキサーにかける。

簡単に作れるのに市販の味に負けません
豆乳ジェラート3種

バナナとココアの豆乳ジェラート

●材料　2人分
a [大豆だし(**美味投入**)　30ml
    薄力粉　2g]
バナナ　100g（フォークでつぶす）
濃久里夢　1/2カップ
はちみつ　大さじ1
ココア　小さじ1

かぼちゃの豆乳ジェラート

●材料　2人分
a [大豆だし(**美味投入**)　30ml
    薄力粉　2g]
かぼちゃ　100g（茹でてマッシュ）
濃久里夢　1/2カップ
はちみつ　大さじ1

いちごの豆乳ジェラート

●材料　2人分
a [大豆だし(**美味投入**)　30ml
    薄力粉　2g]
いちご　100g（フォークでつぶす）
濃久里夢　1/2カップ
はちみつ　大さじ1

1
小鍋にaを入れて、弱火でぼってりするまで練る。

2
1と残りの材料をフードプロセッサーにかけて保存容器に入れ、冷凍庫へ。

3
1時間たったら取り出して大きくかき混ぜ、再度凍らせる。

美味投入と薄力粉を弱火で練っておきます。これで適度なとろみが加わります

プレミアム豆乳と野菜・果物いっぱいの
スイーツとドリンク

卵が入らなくてもふんわりやわらか
豆乳コーンパンケーキの
ソイハニーソース

●材料　2人分（小・4枚分）

a ┌ 薄力粉　160g
　├ 砂糖　大さじ3
　├ ベーキングパウダー　大さじ1/2
　└ 塩　小さじ1/4強

大豆だし(**美味投入**)　3/4カップ
濃久里夢　大さじ3
冷凍コーン　3/4カップ(90g)
油　適量

（ソース）

b ┌ **濃久里夢**　大さじ4
　├ 白味噌　大さじ2
　└ はちみつ　大さじ1と1/3

1
aをボウルに入れてフォークで混ぜ、**美味投入**と**濃久里夢**を混ぜてたねを作り、冷凍コーンを混ぜ込む。

2
フライパンに油をひいて火にかけ、1を両面こんがり焼く。

3
2を皿に盛りつけ、bを合わせたソースを添える。

濃久里夢と白味噌、はちみつを混ぜ、甘くて塩辛いソースを作ります

100

プレミアム豆乳と
野菜・果物いっぱいの
スイーツとドリンク

ソイ&ココナッツココア

ココナッツの風味と豆乳が合います

●材料　2人分
a [ココアパウダー　大さじ2
　　水　大さじ2]
大豆だし(**美味投入**)　1カップ
ココナッツミルク　100g
グラニュー糖　大さじ1と1/3

1
aを鍋に入れてココアパウダーを溶かし、**美味投入**とココナッツミルク、グラニュー糖を加えてひと煮立ちさせる。

2
1をカップに注ぎ、好みの量のココナッツミルク(分量外)を加える。

水で溶かしておいたココアパウダーに**美味投入**とココナッツミルク、グラニュー糖を注ぎます

カラメル状になったら**濃久里夢**を加えます。もし固まってしまったら加熱して溶かします

キャラメルソイミルク

ほろ苦いカラメルと豆乳の甘いドリンク

●材料　2人分
a [グラニュー糖　1/2カップ
　　水　大さじ1]
濃久里夢　1カップ
大豆だし(**美味投入**)　1カップ
メープルシロップ　小さじ2

(ココナッツホイップクリーム)
※作りやすい分量
ココナッツミルク(あらかじめ冷蔵庫でよく冷やしておく)　125g
ココナッツミルクパウダー
(あらかじめ冷蔵庫でよく冷やしておく)
大さじ1/2
グラニュー糖　大さじ1

1
大きめの鍋にaを入れて火にかけ、ふつふつしてきたら弱〜中火でカラメル状になるまで熱する。

2
1に**濃久里夢**を注いでのばし、キャラメルソースを作る(カラメルが凝固した場合は、軽く温めながらかき混ぜ、煮溶かす)。

3
2に**美味投入**とメープルシロップを加え、軽く温めてカップに注ぐ。

4
ボウルにココナッツミルク、ココナッツミルクパウダー、グラニュー糖を入れてホイッパーで角が立つまでホイップする。

5
3に4を好みの量のせる。

プレミアム豆乳と
野菜・果物いっぱいの
スイーツとドリンク

不二製油社員おすすめ プレミアム豆乳レシピ

プレミアム豆乳の使い方をいちばん知っている社員のみなさんに、おすすめレシピを伺いました。どれも簡単で目からウロコのおいしさ。

豆乳明太茶碗蒸し

「濃久里夢を贅沢に使うのでまろやかな味が楽しめます。寒い季節には熱々で。夏場なら、よく冷やして食べると最高のおいしさ！」　U.Kさん

● 材料　2〜3人分
卵　2個
a ｜ 水　1カップ
　　｜ 白だし　大さじ1
　　｜ 濃久里夢　3/4カップ（150g）
明太子　50g
小ねぎ　適量（小口切り）

1　aを小鍋に入れて火にかけ、少し湯気が出るくらいまで温める。

2　ボウルに卵を割りほぐし、1を加えて混ぜ、1度漉す。

3　ほぐした明太子を2に混ぜ、耐熱容器に等分に分けて入れる。

4　容器に布をかぶせ、85℃のスチームで18〜20分蒸す。蒸し上がったら小ねぎを散らす。

お豆のクリーミースープ

「私の朝食の定番メニュー。押し麦でボリュームも出るし、濃久里夢のリッチな味で、これひと皿で朝から幸せな気分です」　U.Kさん

● 材料　2人分
ミックスビーンズ　100g
玉ねぎ　1/2個（100g・7mm角に切る）
さつまいも　小2/5個（60g・7mm角に切る）
さやいんげん　4本（7mm長さに切る）
a ｜ 昆布茶　大さじ2強（14g）
　　｜ 水　3カップ
オリーブオイル　少々
胚芽押麦　20g（茹でてもどす）
濃久里夢　1カップ
粗挽き黒こしょう　適量

1　鍋にオリーブオイルを熱し、玉ねぎを炒める。しんなりしてきたらaを入れ、さつまいもとミックスビーンズを加えて煮る。

2　さつまいもがやわらかくなったら、胚芽押麦とさやいんげんを加え、1分ほど煮て火を止める。

3　濃久里夢を加えて好みで粗挽き黒こしょうをふる。

104

豆乳バーニャカウダソースの冷製カッペリーニ

A.Nさん

「アンチョビのソース、バーニャカウダをパスタにアレンジ。牛乳や生クリームではなく、濃久里夢で作るのでクリームでありながらやさしい味に仕上がります」

●材料　2人分
a ┌ オリーブオイル　大さじ3弱(40g)
　│ アンチョビペースト
　│ 大さじ2と2/3(30g)
　│ 塩　小さじ1/4
　└ おろしにんにく　小さじ1
濃久里夢　2と3/4カップ強(560g)
カッペリーニ　120g
ズッキーニ　20g
プチトマト　4個
ヤングコーン、オクラ　各1本
（縦半分に切る）
枝豆（さやから外す）　10g
生ハム　20g
オリーブオイル　小さじ2強
粗挽き黒こしょう　適量

1　フライパンにaを入れてよく混ぜながら加熱する。**濃久里夢**を入れて沸騰直前に火を止め、冷やす。

2　カッペリーニは塩を加えた熱湯で茹で、冷水につけて水気を切る。

3　皿の中央に2を盛り、野菜類、生ハムを盛りつける。

4　3のまわりに1を流し入れ、オリーブオイルをかけて粗挽き黒こしょうをふる。

スパイスカレーサラダ

「マンゴーの甘みとカレーの辛味、不思議な組み合わせですが、大豆道麗がそのつなぎ役に。野菜は季節ごとにアレンジして楽しんでます」　M.Aさん

●材料　2人分
マンゴー　60g（ひと口大に切る）
アスパラガス、カリフラワー　各50g
（食べやすく切って茹でる）
大豆道麗　60㎖
カレー粉　小さじ1/4

1　**大豆道麗**とカレー粉を混ぜ合わせ、マンゴー、アスパラガス、カリフラワーを入れて和える。

スンドゥブ（韓国の辛い鍋料理）

「かなり辛味をきかせているのに、後をひいてドンドン食べてしまうのは、美味投入のうまみの力。最後にごはんを入れるのもおすすめです」　　　　Y.Iさん

●材料　2人分
豚挽き肉　40g
a ［ 酒　1カップ
　　 あさり　230g ］
あさり煮汁　1/4カップ
コチュジャン　大さじ1と1/3
豆板醤　小さじ1
干し貝柱(粉末)　小さじ2弱(4g)
キムチ　50g
えのきだけ　1/5袋(30g・石突きを落とす)
しいたけ　1/2枚(10g・薄切り)
春菊　30g
赤唐辛子　1本
大豆だし(**美味投入**)　240㎖
焼き豆腐　2/3丁(200g・食べやすく切る)
塩　小さじ1/2
水　660㎖

1　挽き肉をフライパンでさっと炒める。

2　aと水を鍋に入れ、あさりの口が開くまで煮る。1と残りの材料を入れて煮込む。

3　汁の色が全体的に赤っぽくなったら、器に移す。

大豆道麗ホットサラダ

「火を通した野菜を大豆道麗で炒めるだけ。マヨ炒めならぬ、大豆道麗炒め。簡単、おいしくヘルシーな、忙しいときのお助けメニューです」　　　　A.Nさん

●材料　2人分
ブロッコリー　1/5株(50g・小房に分ける)
アスパラガス　2本(4等分に切る)
にんじん　1/3本(50g・小さめの乱切り)
じゃがいも　2/3個(100g・小さめの乱切り)
大豆道麗　85㎖
粗挽き黒こしょう　適量

1　野菜は火が通るまで茹で、ざるに上げる。

2　フライパンに**大豆道麗**を入れて中火にかけ、1の野菜を炒める。**大豆道麗**がしっかりなじんだら火を止める。

3　器に盛りつけ、粗挽き黒こしょうをふる。

プレミアム豆乳は毎日欠かせません！

豆乳トマトクリームスープ

「トマトとエビのうまみが溶け出した豆乳ベースのスープがたまりません。まろやかな味にまとまるのは濃久里夢のおかげ」
U.Kさん

●材料　2人分
エビ　100g（殻をとり、細かく刻む）
玉ねぎ　大1/4個（60g・薄切り）
バター　60g
a ┌ カットトマト缶　2/3缶（260g）
　├ トマトペースト　大さじ3と1/3
　├ 固形ブイヨン　2個
　└ 水　3カップ
生クリーム　80ml
濃久里夢　2カップ
パセリ　適量
粗挽き黒こしょう　適量
オリーブオイル、塩　各適量

1　ボウルにaを合わせてブイヨンを溶かしておく。

2　鍋にバターを熱し、玉ねぎとエビを炒める。1を加えて半量になるくらいまで煮つめ、粗熱がとれたらミキサーにかける。

3　冷めたら生クリームと**濃久里夢**でのばし、好みで塩をふり味を調える。

4　器に盛り、パセリと粗挽き黒こしょう、オリーブオイルをふる。

美味投入入り豚汁

「美味投入で煮た野菜は甘みが引き立つようで、社員の間でもファンの多いレシピ。食欲のないときや体調の悪いときにもこれなら食べられます！」
I.Yさん

●材料　2人分
豚バラ肉　40g（3cm幅に切る）
じゃがいも　2/3個（100g・5mm幅のいちょう切り）
大根　2cm強（70g・3mm幅のいちょう切り）
にんじん　小2/5本（40g・3mm幅のいちょう切り）
ごぼう　1/5本（30g・ささがきに切る）
こんにゃく　30g（アク抜きして食べやすく切る）
かつお・昆布だし　2と1/4カップ
大豆だし（**美味投入**）　3/4カップ
味噌　大さじ2
油　適量

1　鍋に油を熱して豚肉を炒め、野菜を加えてさらに炒める。全体に油が回ったら、こんにゃくを加えてさっと炒め合わせる。

2　かつお・昆布だしを加え、煮立ったらアクをとり、蓋をして約10分煮る。

3　味噌を煮汁で溶けのばして加える。**美味投入**を加えて混ぜ合わせる。

極上のレシピを作る
プレミアム豆乳の栄養の話

豆乳には美や健康に欠かせない栄養が詰まっています。ここでは豆乳の栄養について勉強しましょう。

大豆をしぼって作る豆乳には、大豆の栄養がギュッと詰まっています。

まずタンパク質から作られ、皮膚も内臓も筋肉もタンパク質に負けないほどのタンパク質を含む上、肉や魚に負けないほどのタンパク質を含む。豆乳の原料の大豆は肉などに多い飽和脂肪酸はコレステロールを上げますが、大豆に多い多価不飽和脂肪酸は悪玉コレステロールを下げる、積極的にとりたい油。

さらにアンチエイジングに欠かせないビタミンEや、鉄分、カルシウム、カリウム、ビタミン、ミネラルも豊富。

それに加え、女性ホルモンと似た働きをするイソフラボンや脳の老化を予防するレシチン、抗酸化力の強いサポニンなど、大豆ならではの栄養素も豆乳にはしっかり含まれています。

ただ、栄養はよくても、今までの豆乳は大豆の持つ脂質の酸化が避けられませんでした。酸化すると風味は劣化。そのため豆乳は「体にいいけどおいしくないもの」と思われてきたようです。

その豆乳のイメージを大きく変えたのがプレミアム豆乳です。低脂肪の美味投入は大豆本来のプレーンな味が楽しめるすし、脂質が多くて濃厚な濃久里夢も、風味劣化が起こりにくい環境で分離するため大豆本来のコクたっぷり。栄養満点でしかもおいしい。プレミアム豆乳ならではの魅力です。

108

豆乳の料理には相性抜群！大豆ミートについて

野菜のおいしいベジカフェや、ヘルシー志向のレストランで人気の素材。話題の大豆ミートって？

形状はいろいろ。ブロック状はから揚げなどに、顆粒状は挽き肉同様に使えます

2～3倍量の水でもどします。大きなものは20分ほど、顆粒は数分でOK

から揚げ風やミートソース風など、大豆ミートを取り入れるお店が増えています。ソイミートなどと呼ばれることもある大豆ミートはその名の通り大豆のお肉。大豆を搾油して加熱、加圧、乾燥などのプロセスを経て作られ、肉に比べてカロリーは半分以下。低脂質なのに高タンパク、さらに食物繊維が多く、イソフラボンや鉄分なども含む、ヘルシー食材です。

同じ大豆の仲間だけに豆乳との相性も抜群。大豆ミートの少しボソボソした食感が、濃久里夢のコクでカバーされたり、美味投入と合わせるとうまみが増し、物足りなさは感じません。

上のように水でもどせば肉同様に使えます。この本でいくつか紹介した大豆ミートレシピもぜひお試しくださいね。

109

おいしく楽しくヘルシーに まめ好き女子が、まめに集う まめプラス女子会とは?

豆は体にいいものだからもっと生活に取り入れよう！"まめプラス"活動が盛り上がっています。

2014年のまめプラス月間に開かれた朝活女子会では、豆腐を使った朝ごはんを紹介

まめファンにはうれしい情報が盛りだくさんのまめプラスサイト（http://www.mameplus.jp/）では、本書で取り上げたプレミアム豆乳の秘密も紹介されています

ボジョレー解禁時にはワインに合う豆乳料理を楽しむ会も

豆乳、豆腐、大豆ミート、厚揚げ、がんもどきetc.、いつもの食事に「まめをプラスしよう」という、まめプラス活動が盛り上がりを見せています。

まめプラスサイトでは大豆の栄養などのまめ知識のほか、プレミアム豆乳を使ったお料理が食べられるお店や商品など、盛りだくさんの内容を紹介。

さらに、サイトで呼びかけて不定期に"まめプラス女子会"を開催。

豆乳や豆腐料理のレッスンや、ヨガと豆乳とフルーツのコールドプレスジュースを楽しむ女子会など、バラエティーに富んだ内容で毎回大盛況。まめ好き女子に大人気のイベントとなっています。

また、毎年10月は"まめプラス月間"と定め、都内各所のレストランやカフェ

110

みんなで作ってみんなで食べて。イベントは大盛況！

プレミアム豆乳はどこで買える？

　手に入りやすいのはインターネットでの通販。オーガニック食材などを扱う SoooooS.（http://sooooos.com/lp2/）というサイトでは送料無料で、濃久里夢、美味投入、大豆道麗を購入可能。そのほかの入手先など最新ニュースはまめプラスサイトで随時紹介するので要チェックです。

大豆ミートが買える店

　この本の中でもいくつかレシピを紹介したまめの仲間、大豆ミートはオーガニック食材を扱うお店や大手スーパーなどでも手に入りますが、近所で見かけなければ通販で購入可能。
　ベジタリアン素材を扱うショップ「かるなぁ」のサイト（http://www.karuna.co.jp/）では、ブロック状、顆粒状など、さまざまなタイプの大豆ミートが手に入ります。
　本書の16p、44pなどで使用した顆粒状の大豆ミートはソイミートミンチタイプ、30pで使用したブロック状のものは、ソイミートから揚げタイプとして販売されています。

女子会ではおいしい豆腐など注目のまめプラス食材も紹介

　などでまめプラスメニューを展開。メディアでも大きく取り上げられています。
　女子会やまめプラス月間などでプレミアム豆乳を知った方のうち料理好きな方は、さっそく濃久里夢のグラタンなどにトライ。「おいしくできた！」といううれしい報告も寄せられています。
　プレミアム豆乳をじかに体験できる企画は今後も続きます。まめプラスサイトをお見逃しなく！

111

●庄司いずみ

野菜料理家。植物性100％のヘルシーなレシピを料理本やブログ、テレビ、雑誌などで紹介。東京、代々木上原の「庄司いずみ　ベジタブル・クッキング・スタジオ（http://shoji-izumi.tokyo）」での料理教室も人気。『野菜だけでおいしいごはん』『大切な日の野菜料理帖』『いますぐできる3ステップ！野菜食べ順ダイエット』（3冊とも小社刊）。近著『デトックスウォーター』（永岡書店）も好評。集英社のオンラインサイト「アワエイジ」（www.ourage.jp）のコラムも人気沸騰中。

料理がとびきりの味に　プレミアム豆乳マジック！

発行日　2015年10月10日　第1刷発行

著者　庄司いずみ
協力　不二製油株式会社

撮影　奥谷仁
スタイリング　久保原恵理
デザイン　原田暁子

発行者　田中恵
発行所　株式会社　集英社
　　　　〒101-8050　東京都千代田区一ツ橋2-5-10
　　　　（編集部）03（3230）6250
電話　（読者係）03（3230）6080
　　　　（販売部）03（3230）6393（書店専用）
印刷　大日本印刷株式会社
製本　ナショナル製本協同組合

造本には十分注意しておりますが、乱丁・落丁（本のページ順序の間違いや抜け落ち）の場合はお取り替えいたします。購入された書店名を明記して小社読者係宛にお送りください。送料は小社負担でお取り替えいたします。但し、古書店で購入されたものについてはお取り替えできません。
本書の一部あるいは全部を無断で複写・複製することは、法律で認められた場合を除き、著作権の侵害となります。また、業者など、読者本人以外による本書のデジタル化は、いかなる場合でも一切認められませんのでご注意ください。

Ⓒ 2015 Izumi Shoji, Printed in Japan ISBN 978-4-08-333143-5　C2077
定価はカバーに表示してあります。